LA VIE
EN
Chemin de Fer

PAR

PIERRE GIFFARD

Illustrations de A. ROBIDA.

PARIS
A LA LIBRAIRIE ILLUSTRÉE
7, RUE DU CROISSANT, 7

Tous droits réservés

LA VIE

EN CHEMIN DE FER

ÉMILE COLIN. — IMPRIMERIE DE LAGNY.

LA VIE
EN
CHEMIN DE FER

PAR

PIERRE GIFFARD

ILLUSTRATIONS DE A. ROBIDA

PARIS
A LA LIBRAIRIE ILLUSTRÉE
7, RUE DU CROISSANT, 7

Tous droits réservés

PRÉFACE

Il y a cinquante ans que les chemins de fer ont fait leur première apparition en France (n'a-t-on pas fêté récemment ce cinquantenaire?) et depuis vingt ans tout le monde voyage sur les rails. Il n'y a guère de petite ville où le chemin de fer n'ait étendu ses ramifications. Dans la moindre bourgade il a des clients, et si l'on trouve encore des milliers de paysans qui n'aient jamais vu la mer, on en trouvera peu qui n'aient jamais pris le chemin de fer, en France tout au moins.

Les facilités toujours plus nombreuses que le progrès régulier de l'industrie offre aux voyageurs pour se déplacer ont influé singulièrement sur la vie publique. Le chemin de fer est dans les besoins de chacun maintenant, et de chaque jour. Soit pour ses affaires, soit pour son plaisir, on vit de longues heures en chemin de fer. C'est cette fraction de la vie que l'auteur a tenté d'analyser.

Depuis dix ans, il a beaucoup voyagé en chemin de fer. Il a donc cru pouvoir livrer au public quelques impressions et lui offrir quelques conseils. Quelle forme se prête mieux à ce genre de livre que la forme humoristique? C'est celle-là que l'auteur a choisie

Pour deux raisons :

La première c'est que ce livre de *La vie en Chemin de fer* est fait surtout pour être lu en chemin de fer et que les voyageurs n'aiment pas les longues histoires.

La seconde c'est qu'avec la forme humoristique l'auteur a pu s'assurer le concours de l'un des crayons les plus spirituels de notre époque, et c'est là un gros atout dans son jeu, pour ne pas dire plus. Robida, le caricaturiste très personnel, a illustré de ses images bouffonnes le texte de l'auteur. C'est là surtout ce qui fera le succès du livre, car il ne suffit pas de dire tout ce qu'il y a de drôleries dans *La vie en Chemin de fer*, il faut les montrer!

Et Robida les a crayonnées de main de maître.

P. G.

CHAPITRE PREMIER

A PARIS. AVANT LE DÉPART

Dès l'abord de la gare, l'œil de l'observateur découvre aisément quelques types. L'heure et le lieu sont choses indifférentes. Que ce soit à sept heures du matin ou à sept heures du soir, que nous prenions la gare du Nord ou la gare Montparnasse, les mêmes binettes curieuses apparaissent devant notre objectif.

C'est d'abord le groupe des voyageurs qui vont prendre le train :

Le monsieur essoufflé.

Le monsieur essoufflé n'a plus qu'une minute. Il est cramoisi. Sa main droite tient une couverture de voyage, sa main gauche agite fiévreusement la chaîne en or d'une montre idem qui marche mal, évidemment, puisqu'elle l'a mis en retard. Remarquez qu'il demeure tout près de la gare, car il y vient à pied.

Ses yeux vont de la montre au cadran de la gare. Il risque de tomber, car il ne regarde que ses aiguilles et celles de la Compagnie, tour à tour, en ronchonnant. Il sent qu'il va manquer le train, que le moindre délai va compromettre son voyage, et pourtant il mâchonne des reproches vagues, on ne sait au juste si c'est contre sa femme, qui lui a fait un tas de recommandations avant de partir, ou si c'est contre la Compagnie, dont il avait pris l'heure ces jours-ci, en passant.

— Cette patraque avance, murmure-t-il.

Mais un geste de l'employé qui surveille le guichet produit chez le monsieur essoufflé un effort salutaire. Il appelle. Il arrête dans un cri d'angoisse la fermeture du guichet. On lui délivre son ticket, le dernier des derniers, et il vole vers la salle d'attente, toujours essoufflé, son billet à la main, foudroyant du regard les contrôleurs, qui le pressent avec des airs bourrus.

Jamais il ne prend le train autrement, soyez-en sûr.

La dame aux paquets.

La dame aux paquets est presque toujours grosse. Qui dit grosse dit bonne, c'est un axiome qui se justifie encore dans l'accumulation des colis. Je m'explique :

La dame aux paquets s'en va voir des parents en province. Son mari lui a bien recommandé de ne pas s'encombrer, de ne prendre avec elle que le strict nécessaire ; mais il y a là-bas des neveux et des nièces, des moutards auxquels il faut apporter quelque chose de Paris. La dame aux paquets est grosse, c'est-à-dire bonne, donc elle achète un tas d'affaires avant de s'embarquer. Si bien que l'heure venue, elle succombe sous le faix. Cartons par-ci, sacs par-là, joujoux dans du papier, bonbons en boîtes, tout cela tient dans ses dix doigts par un prodige d'équilibre et de dextérité.

Le mari, qui est furieux de voir cet attirail, l'a

laissée se débrouiller toute seule. Charmants, ces hommes! Elle habite aussi près de la gare, d'ailleurs, et elle arrive à pied, très rouge, bien qu'il y ait encore un grand quart d'heure avant le départ du train. Vous verrez rarement une femme maigre partir en voyage avec tous ces paquets.

Ils sont l'apanage de l'opulence des formes et de la bonté du cœur.

Le monsieur qui se dispute avec les cochers.

Espèce très curieuse, de la race opiniâtre. Ledit monsieur arrive, très gai, dans une victoria qui le dépose au bas des marches de la gare. Sur une question de tarif, il se prend de querelle avec le cocher. Que se disent-ils tous les deux? Vous le devinez.

— Pignouf!
— Collignon!
— Rapiat!
— Filou!

Les badauds s'attroupent. Le sous-facteur qui tient à la main la valise du monsieur irascible, insinue que le train pourrait bien partir sans plus attendre. N'importe! Le monsieur n'a pas froid aux yeux. Il veut un sergent de ville, pour constater la fraude de cet automédon malhonnête. Le sergent de ville arrive, lentement cela va de soi. « Il s'amène, » comme disent les gavroches qui regardent de travers le bourgeois. Il interroge, il verbalise ; le cocher bougonne, le monsieur marmotte des mots comminatoires ; plutôt que de laisser un pareil malotru impuni, il préfère manquer son train...

Et il le manque.

La dame pressée.

La dame pressée est toujours partie de chez elle une demi-heure avant l'heure qui conviendrait. Elle ne déteste rien tant que d'arriver à la dernière minute. On ne sait pas pourquoi. Quand elle arrive à la gare à la dernière minute, son sang ne fait qu'un tour ; elle a des sueurs froides, c'est un événement dans sa vie, et on comprend qu'elle cherche à éviter ces émotions-là.

Si le train part à midi, la dame pressée est à la gare à 11 h. 25. Qu'y fait-elle? Rien. Le guichet est fermé, le train n'est pas formé ; elle ne s'impatiente pas ; elle est tranquille parce qu'elle sait que certainement, le train ne partira pas sans elle. C'est une aimable maniaque.

Par contre, vous relevez aussi, à la dernière minute, le profil du monsieur qui a toujours le temps.

Le monsieur qui a toujours le temps.

Celui-là, c'est l'esprit fort... Il a une excellente montre, il sait qu'il y a cinq minutes d'écart entre les horloges du dehors et celles du dedans. Il arrive d'un pas délibéré, mais toutefois sans pousser de cris si le train, complètement bouclé par les conducteurs, fait entendre les derniers appels de ses freins Westinghouse.

Au contraire ! Comme il sait que ces appels précèdent encore le départ de quelques minutes, il marche correctement, comme un homme qui sait qu'on va lui ouvrir une portière aussitôt qu'on l'apercevra. Et c'est ce qui arrive. Le monsieur qui a le temps en impose aux employés ; ils croient que c'est un inspecteur de service. Il a l'air si bien familiarisé avec l'heure vraie du départ, qu'on ne peut pas le prendre pour un simple voyageur. De plus il n'a pas de billet, c'est donc qu'il est abonné, ou qu'il a une carte de circulation. Il monte dans le compartiment qu'on lui ouvre, avec le flegme qui ne l'a pas quitté depuis son entrée dans la cour de la gare.

Ecoutez-le parler, s'il a quelques secondes encore. Il demande à l'employé si le 507 a toujours lieu, si le 11 *bis* est supprimé l'hiver, et si le 45 prend encore des équipages.

Muni de ces renseignements qui lui sont fort indifférents, mais qui lui sont donnés à grand renforts de coups de casquette, il s'éloigne emporté par la grosse bête aux soupirs infernaux. Il est content de lui; il ne s'est pas pressé; on lui a donné une bonne place, et il a étonné son monde.

Nous le retrouverons au chapitre des accidents. C'est lui qui nous en expliquera les causes, car il sait tout ce qui concerne les chemins de fer. C'est un voyageur doublement ferré, que le monsieur qui a le temps!

Autour de la bibliothèque.

La bibliothécaire arrive, toute gelée. Elle sort de son pauvre lit, à cinq heures et demie du matin, hiver comme été. Les ballots de journaux l'attendent à la gare. Elle ouvre les battants de son armoire aux livres, et se met en devoir de plier les feuilles publiques. Il n'y a pas de temps à perdre, car dès six heures les premiers acheteurs arrivent à son comptoir.

Il en est maintenant des journaux comme des chemins de fer et du chocolat. Tout le monde veut en avoir. Aussi le commerce marche-t-il ! Depuis le monsieur couvert de fourrures qui achète le *Figaro* et sept ou huit journaux à trois sous, jusqu'au petit voyageur qui demande pour un sou le *Petit Journal*, tout le monde passe par la bibliothèque, où la préposée essaie généralement de nous colloquer un volume à trois francs cinquante ou à cent sous.

— *La Vie en chemin de fer*, monsieur ! Achetez ça. C'est drôle à lire, surtout en wagon !...

Quel que soit le succès du roman à la mode, l'article qui se débite le plus est encore l'*Indicateur des chemins de fer*. Ah ! ce livre ! En voilà un qui fait du chemin et qui captive des milliers de cerveaux.

Les farces de l'Indicateur.

Ah ! l'*Indicateur* ! Quel opuscule, monsieur, quel opuscule !

Il y en a plusieurs, oui, je le sais. Mais pour les voyageurs sérieux, il n'y en a qu'un. Demandez le vrai, le bon, l'*Indicateur* in-folio, ce grand machin qui coûte quinze sous et dans lequel il

La dame aux paquets (page 3).

faut plonger le nez pendant des heures pour être instruit et convaincu.

Quel labeur ! Quelle constance ! Et comme c'est commode de tourner ces grandes pages, de lire les tableaux des trains, à droite, à gauche, en long, en large, en haut, en bas, en travers, tête-bêche !

Et quelle jouissance particulière lorsqu'on attrape le chapitre inextricable des *Notes et Renvois*. Oh ! les Notes et Renvois ! « Voyez Notes et Renvois page 113. » Vous courez à la page 113, l'œil démesurément ouvert, car vous supposez que les notes et renvois contiennent quelque restriction, quelque embargo sur le train qui vous occupe. Hélas ! vous avez beau écarquiller les yeux, vous passez de la première ligne à la seconde, et de la seconde à la troisième, et ainsi jusqu'à la centième ligne, sans trouver quoi que ce soit d'intéressant. Vous apprenez par exemple que le train 27 ne prend pas les chiens entre Fouilly-les-Oies et la Ferté-Bidard, que les voyageurs de 3e classe à plein tarif sont seuls versés dans le train 469 au départ de Montbrison. Qu'est-ce que ça peut bien vous faire ? Et surtout qu'est-ce que ça signifie ? Pourquoi tant de restrictions, d'exceptions vexantes pour le petit public ? Il me semble que tous les trains devraient conduire à destination quiconque a payé pour les prendre, du moment qu'ils sont désignés sur l'*Indicateur* et qu'ils comportent des arrêts précis. Enfin, personne ne parvenant à comprendre un traître mot aux Notes et Renvois, personne ne bénéficie de ce torrent d'explications amphigouriques. Il est donc superflu de les servir au public, surtout dans la forme épaisse qu'on a jusqu'à présent adoptée.

Inutile de dire que les voyageurs de première classe n'ont pas à se préoccuper du chapitre Notes et Renvois. Il ne leur apprendra jamais rien d'intéressant. C'est au bas de la colonne affectée à chaque train qu'il faudrait trouver le moyen d'indiquer les observations. De cette façon les voyageurs ne perdraient pas leur temps en folles recherches à travers les méandres de la fatale brochure.

Il n'est pas rare de voir un monsieur relire l'*Indicateur*. Ce sont les annonces qui l'intéressent ou qui l'amusent. Ne sachant où loger dans une ville de France où il va, il cherche à travers les annonces de l'*Indicateur* un hôtel sortable. Et parfois, — soyons clément, — parfois il lit cette affriolante réclame :

> **SAINT-MÉDARD-SUR-MER**
>
> GRAND HÔTEL DU SINGE D'OR
>
> Chambres entièrement remises à neuf. Changement de propriétaire. Appartements pour familles. Vue sur la mer. Prix modérés. Restaurant dans l'hôtel. Recommandé.

Frappé de la sincérité qui éclate dans cette énumération pompeuse, le voyageur descend à l'hôtel du *Singe d'or*. Le malheureux! Des garçons puants et dépeignés le reçoivent à sa sortie de l'omnibus. L'hôtesse lui donne une chambre sordide, où le balai ne passe que pour ramasser les saletés en petits tas dans tous les coins. Pas d'eau, pas de seau, pas de broc. Une serviette moisie et un petit pot à eau grand comme une tasse. Voilà les « appartements pour familles » de l'hôtel du *Singe d'or*.

C'est pis encore quand le malheureux voyageur descend à la table d'hôte, où de faméliques commis voyageurs dévorent en parlant très fort des plats graisseux, dans des assiettes mal essuyées, avec des fourchettes visqueuses... Pouah! Ce n'est pas tout rose de voyager en France, même quand on a consulté l'*Indicateur*!

Je sais bien,—et je m'empresse de reconnaître

— que l'*Indicateur* nous offre le plus souvent comme bons des hôtels qui le sont réellement. Une raison majeure éclipse d'ailleurs toutes les autres : l'*Indicateur* reçoit l'argent de ses annonces il ne va pas les vérifier sur place, et à son point de vue personnel, il a joliment raison.

Le monsieur qui cause au guichet.

Vous tournez la petite barrière qui contient les foules, en bon ordre, devant le guichet des billets. Il n'y a devant vous que quatre ou cinq personnes. Vous croyez que votre tour va venir promptement.

La main dans le gousset, vous attendez que les quatre ou cinq personnes aient fini, pour demander votre ticket à la préposée. Cela paraît simple à tous les esprits logiques, de demander un billet et de jeter son argent sur la plaque en cuivre. Quelle erreur! Remarquez qu'il y a toujours dans le tas qui vous précède, un monsieur qui éprouve le besoin de causer au guichet.

Que dit-il? On n'a jamais pu savoir. Il demande des renseignements sur une foule de choses accessoires et tout à fait étrangères au cas qui l'amène. Le ou la buraliste lui répond : Adressez-vous au bureau des renseignements. Vous croyez que cela suffit pour le décoller? Pas du tout. Il entre encore plus avant dans le carreau ouvert. Il y fourre la tête presque entière. Les autres voyageurs ont beau bourdonner et piétiner d'impatience derrière lui, il interroge toujours, il cause sans trêve. Il faut l'intervention d'un employé pour l'arracher à ce dialogue intempestif et lui montrer, avec un geste énergique, le bureau des renseignements.

La manie la plus fréquente du monsieur qui cause au guichet consiste à demander aux préposés des billets les renseignements les plus saugrenus, sur l'heure d'arrivée des trains dans un tas de pays. Il lui semble que cet homme d'argent, que cette caissière sont mieux renseignés que n'importe qui, en leur qualité de gens qui font la recette au nom de la compagnie.

Les bruits de la gare.

Les bruits de la gare sont tels qu'on ne peut songer à les analyser complètement. C'est une symphonie de cris, d'appels, de sifflements et de sonneries qui emplit les oreilles sans les blesser. On y est fait; c'est de tous les jours maintenant,

Ainsi prenez par exemple, la gare Saint-Lazare, côté des grandes lignes :

Un camelot. — Demandez *la Sociale*, journal des vrais purs, dernières nouvelles de la Chambre ! cinq centimes !

Un autre camelot. — La chaîne et la montre en or, trois sous !

Un cocher. — Y a donc pas de facteurs, ici ?

Un facteur. — Pour porter où ça, madame ?

Une jeune fille. — Papa ! M. Charles qui vient nous dire au revoir !

Un employé. — Fermons Cherbourg !

Un mioche. — Aï ! Aï ! Aï !

La bibliothécaire. — Monsieur, votre monnaie !

Une forte femme. — Victor, tu as le sac ?

Un paysan. — Ous qu'est le train ?

Un militaire. — A quelle heure pour Lisieux, s'il vous plaît ?

Un monsieur. — J'ai les billets ! J'ai les billets ! dépêchez-vous donc !

Une dame (très bien). — Ah ! et mon parapluie ! Je l'ai laissé chez le pâtissier !

Une autre dame (pas bien du tout). — Venez-vous chez moi, joli garçon ?

Un timbre électrique. — Brrrrrrrrrrr !

Un employé. — En voiture pour Mantes, la ligne de Rouen! Fermons Mantes!

Un monsieur. — Au revoir, mes petits amis!

Un groupe de moucherons. — Adieu, papa! à lundi!

Un chien. — Ouaf!

Tout cela dans un mugissement vague et perpétuel, dont les ondes sonores s'entrelacent et se confondent sans vous détériorer le tympan. C'est la musique de l'avenir.

CHAPITRE II

SUR LE QUAI DU DÉPART

Muni de votre billet poinçonné par les contrôleurs, — tantôt hargneux, tantôt convenables, ça dépend de leur estomac, — vous passez sur le quai du départ, à l'intérieur de la gare. Là vous êtes dans un autre monde. D'abord, ce monde retarde sur celui que vous venez de quitter, et généralement de cinq minutes. Sur les lignes du Nord le retard n'est que de trois minutes. Souvenez-vous-en.

Là, une vie nouvelle apparaît vraiment au voyageur. Là, c'est vraiment la vie en chemin de fer qui commence. Attention ! Depuis la minute où vous franchissez le seuil de ces grandes salles d'attente, bêtement fermées autrefois, toutes grandes ouvertes aujourd'hui, jusqu'au moment où vous redescendrez du train, dans huit jours, dans quinze jours, pour prendre un fiacre et rentrer chez vous, — vous êtes dans un monde spécial, qui a ses tics, ses passions, ses coutumes et ses costumes. Vous allez traverser des péripéties qui peuvent être à chaque instant les dernières de votre existence (cette réflexion est peu folâtre, je n'en abuserai pas); — vous allez vivre avec des inconnus qui vont vous frôler, vous dévisager, et peut-être vous voler. Mais cette dernière perspective ne mérite pas trop de considération. Il en est de même pour l'assassinat. En ces matières, soyons optimistes. L'humanité n'est pas si carnassière qu'on la fait. Elle est bête et méchante, mais pas féroce. Les ennuis de la vie en chemin de fer sont de petits ennuis provoqués par la claustration roulante et le besoin de se faire du mal les uns aux autres, qui est le propre de notre espèce. De là à s'entre-tuer, il y a loin. Ne craignez donc pas trop les voleurs ni les assassins. Soyez très sceptique là-dessus, sans vous montrer imprudent ni téméraire. Méfiez-vous plutôt des raseurs. Nous allons passer en revue tout ce monde drôlatique, qui peut être considéré comme une réduction Colas du vrai monde, de celui qui reste de l'autre côté des salles d'attente et qui va continuer à se déchirer, à se diffamer, à se filouter, pendant que vous allez rouler, vous, sur les rails, et songer aux vicissitudes de la vie humaine en regardant le paysage.

Insociabilité de l'homme en chemin de fer.

Chose curieuse, le Français, qui est l'homme le plus aimable de l'Europe quand il est dans un salon, au théâtre, sur un bateau à vapeur, devient insociable, presque grossier, quand il voyage en chemin de fer.

Assurément, dans tous les pays du monde, le voyageur cherche à s'assurer une bonne place dans le compartiment qu'il s'est choisi. Mais il n'y a guère qu'en France où la préoccupation dominante du voyageur soit d'être seul dans ce compartiment. Un Français qui arrive sur le quai du départ ne songe absolument qu'à cela. Pour lui, la solitude est un bienfait des dieux ; il paierait même pour l'acheter, si le prix des compartiments réservés n'avait atteint dans ces dernières années, et pour cause, des proportions fabuleuses.

Le Français muni d'un billet de première classe est un voluptueux et un naïf.

C'est un voluptueux parce qu'il aspire au bonheur d'être seul dans un compartiment de huit places, de s'y promener, de s'y étendre, de s'y allonger, de s'y rabougrir, d'y fumer, d'y ronfler. Dans un espace clos et couvert où huit personnes pourraient être mal assises, il espère, lui, être seul et circuler. Et c'est de cet espoir souvent déçu que vient la mauvaise humeur du Français en chemin de fer.

C'est un naïf, parce qu'il s'imagine toujours qu'il sera le seul à prendre l'express de Nancy ou de Bordeaux, ou de Toulouse. S'il en était ainsi, les chemins de fer n'auraient pas vécu ce que vivent les roses. Pas d'argent, pas de suisse. Pas de voyageurs, plus de chemins de fer !

Remarquez que ce Français qui prend un billet à la gare de l'Est pour Nancy ou Belfort, et qui espère accomplir ce petit voyage seul dans un compartiment de huit places, sans payer aucun supplément, est souvent actionnaire de l'une ou l'autre des grandes compagnies françaises de chemins de fer. N'importe, le voyageur, considéré en tant qu'animal à raisonnement, ne raisonne pas. Il rêve un coin et la solitude. S'il n'est pas seul et s'il n'a pas de coin, le voilà enragé. Expliquez ça.

Mais, me direz-vous, pourquoi charger les seuls Français de ce travers, si c'en est un ! Dans les autres pays, en Angleterre, en Allemagne, en Autriche, en Italie, en Suisse, ne cherche-t-on pas aussi à être seul en chemin de fer ?

Certes, je le répète, la tendance est générale ; elle est humaine. Mais dans aucun pays elle n'atteint les proportions que nous lui voyons en France. Cela tient à une foule de raisons : notre vie est meilleure, plus aisée que partout ailleurs dans le monde. Nous avons des commodités raffinées que les autres peuples n'ont pas. Nous avons des us démocratiques que les autres ne connaissent pas, — et il faut nous en féliciter. En France, tout homme muni de son ticket de première classe est maître d'aller dans tel compartiment qu'il lui plaît, de choisir et d'y marquer sa place. En Allemagne, pays de schlague et de servage militaire, le voyageur doit obéir au conducteur de train, qui le case où il veut. Réclamations vaines ! Le conducteur vous mettra quatre dans un compartiment et laissera tous les autres compartiments vides si cela lui plaît.

Explication : comme il exerce un contrôle de route, cet entassement simplifie son service.

Le monsieur qui étale ses affaires.

Nous trouvons un premier spécimen de l'insociabilité humaine dans le monsieur qui étale ses affaires sur les coussins du compartiment.

Il est arrivé le premier, à sept heures pour sept heures quarante-cinq. Il a passé le premier au guichet, le premier au contrôle ; il est arrivé le premier sur le quai, armé d'une couverture de voyage, d'un sac, d'un parapluie et suivi d'un sous-facteur, qui porte une grosse valise et un paquet de châles. Il a vite avisé un compartiment pas trop près de la machine, pas trop loin non plus, — pour n'être ni tamponneur, ni tamponné, si le tamponnement se produisait. Il a fait déposer la valise et le paquet de châles par le sous-facteur sur le premier coussin à gauche, après quoi il est monté lui-même et a distribué artistement toutes ses affaires sur les trois autres coussins. Primo le parapluie et le sac, qui sont censés représenter deux voyageurs, ce qui fait quatre places retenues. Secundo la couverture de voyage et lui-même, assis à côté d'elle. Ce qui fait six places. Pour tâcher d'effrayer les « intrus », comme il dit, il complète la série en plaçant une liasse de journaux sur le quatrième coussin. De cette façon, les voyageurs qui vont venir se diront :

— Mon Dieu ! que de monde dans ce compartiment ! Allons dans un autre.

Le monsieur qui étale ses affaires est la terreur des employés, parce que sa ruse ne peut être divulguée qu'à la dernière minute. Jusque-là le bétail humain passe, narquois ou convaincu, et n'ose souffler mot. Il est toujours désagréable de demander à un inconnu si vraiment toutes les places qui sont *marquées* à côté de lui sont des places retenues par de vrais voyageurs.

Cette pusillanimité le sauve jusqu'à l'heure du départ. Mais alors le contrôleur ou le sous-chef de gare donnent l'ordre de fermer les portières. Le monsieur qui a étalé ses affaires jubile. — Trop tôt, infortuné, trop tôt !

Le sous-chef de gare tient en réserve une famille entière, qui n'a pas trouvé de place, et à qui son expérience a destiné cette proie : le compartiment où il n'y a qu'un voyageur, sous les apparences fallacieuses que nous connaissons.

Le sous-chef s'avance, jette le coup d'œil de l'aigle sur le malheureux, qui se voit démasqué :

— Venez par ici, monsieur, madame; il y a encore sept places.

Et la famille, père, mère, fille, héritiers, nourrice au besoin, s'engouffre dans le paradis entr'ouvert. Tête du monsieur, qui ramasse ses affaires en bougonnant et s'enfouit dans un coin, d'où il lance à ses vainqueurs des regards torves.

Le monsieur qui se met à la fenêtre.

Une émule du précédent.

Il est souvent gros. Il a pris position dans le compartiment ; il s'est enfermé, il a rabattu le loquet, glissé les rideaux des deux glaces qui encadrent la portière et baissé la glace de la susdite. Là-dessus, il appuie énergiquement ses deux bras ; son gros corps tient à peine dans l'ouverture de la glace. Son facies est rébarbatif; il semble menacer la foule incongrue qui cherche à se caser; il interroge l'horizon, et dès qu'un voyageur fait mine de se diriger vers *son* compartiment, il lui darde deux regards méphistophé-

Un monsieur qui étale ses affaires (page 22).

liques. Il le suit des yeux après qu'il est passé, de crainte qu'il ne revienne.

Quelquefois, — trop souvent même, — il fume pour écarter davantage les importuns. C'est un gros benêt, car personne ne se laisse prendre à ce manège, sauf les femmes et les timides du sexe masculin.

Tout homme sensé a pour devoir d'entrer comme une trombe dans le compartiment, — quand ce ne serait que pour être désagréable au monsieur qui se met à la fenêtre.

La famille qui se multiplie.

Pour rester en famille, le père, la mère et les deux enfants appliquent encore leurs nez aux vitres du wagon, en se multipliant, en se portant tous du même côté. De cette façon, ils espèrent qu'on se dira :

— Oh! quatre personnes par ici! Il doit y en avoir quatre par là-bas!

Et ils épatent leurs nez, quelquefois jolis et roses, sur les vitres couvertes de buée, ce qui donne à leur alignement l'aspect d'une image chinoise.

Il faut avoir parfois le courage d'entrer dans

cette cage de petits fauves. Mais j'avoue que pour ma part je ne m'y introduis que lorsque je ne puis faire autrement. C'est si gentil de laisser les gens faire un petit voyage en famille, comme s'il étaient encore chez eux, au troisième, dans une maison de Paris!

Les amis qui s'assoient pour meubler.

Il y a encore les amis qui viennent faire un pas de conduite à la gare, et qui s'assoient dans un compartiment, pour meubler et faire accroire aux autres voyageurs qu'il y a beaucoup de monde, alors que le plus souvent l'objet de leur sollicitude est seul à entreprendre le voyage de Reims ou d'Amiens.

Ouvrez l'œil et supputez toujours les bagages qui sont dans le filet de ce compartiment trompeur. Le chef de gare, qui s'y connaît, ne tardera pas à faire contrôler les billets de ces faux voyageurs, et dès qu'ils descendront comme des lapins traqués par un furet, soyez là, prêt à saisir l'occasion, et à vous hisser victorieusement sur les coussins encore chauds.

Le monsieur et ses amis feront des têtes amusantes.

L'homme à la plaie faciale.

Le désir d'être seul en wagon pousse les gens à des extrémités vraiment burlesques. Ainsi j'ai vu un soir le monsieur à la plaie faciale. C'est un chef de gare qui me l'a signalé, comme quelque chose de déjà vu.

Cet original n'avait rien trouvé de mieux pour écarter de lui ses semblables, que de se coller sur la figure un horrible papier jaunâtre et verdâtre le long duquel coulait une sorte de liquide sanguinolent. Il était censé souffrir d'un érysipèle à la face; il n'avait rien du tout.

Les hommes, les femmes et les enfants s'écartaient de son compartiment avec une sainte horreur.

La nuit se passa. Notre homme n'avait pas été dérangé. Je me promis bien d'avoir le cœur net de cette supercherie. C'était sur la ligne de Paris à Turin. On descendit à Modane pour la visite de la Douane. Le rusé compère avait passé une excellente nuit; quand je le vis descendre de son compartiment, il était frais et rose. Pas trace de plaie faciale.

La famille qui se multiplie (page. 26)

Pas bête, celui-là ! Que voulez-vous qu'on lui dise ?

Mais c'est une drôle d'idée !

Autres obstructionnistes.

Parmi les autres types de l'obstruction volontaire il faut noter au passage le monsieur qui a voilé la lumière du compartiment bien avant le départ du train, — pour qu'on ne voie pas qu'il est tout seul ; le monsieur qui ôte ostensiblement ses bottes et exhibe lentement à la portière une paire de pantoufles qu'il chausse plus lentement encore ; (celui-là se fait, on l'avouera, d'étranges raisonnements). Il y a encore la dame qui pince son poupon pour le faire crier, dans l'espoir — souvent justifié — que les voyageurs redouteront le voisinage du petit braillard et chercheront leur place ailleurs ; la dame qui renverse à dessein un flacon d'éther en entrant dans le compartiment, pour empester l'atmosphère pendant une demi-heure.

Faiblesses humaines ! Malices cousues de fil blanc ! Elles prennent toujours, voilà ce qu'elles ont de plus fort !

Ces supercheries de la Vie en chemin de fer

occasionnent souvent le retard des trains, à cause des contestations qu'elles amènent à la dernière minute. Sur la ligne de Paris à Lyon et à la Méditerranée, il a fallu appliquer un système de dénombrement officiel pour y couper court. Vous le verrez fonctionner à Lyon. Quand vous avez été contrôlés avant d'entrer en gare de Perrache, si vous continuez sur Marseille ou sur Paris, votre individu fait partie d'un nombre que le contrôleur applique à la poignée de votre compartiment. Il a dans sa poche des morceaux de bois pourvus d'une petite ficelle. Sur ces morceaux de bois sont inscrits les n°s 1, 2, 3, 4, 5, 6, 7 et 8.

Si vous ne restez que 3 voyageurs allant au delà de Lyon, le contrôleur accroche un écriteau portant le nombre 3. Et ainsi de suite. De cette façon, quand vous revenez du buffet, force vous est de recevoir les voyageurs qui montent à Lyon même, sans les pouvoir tromper sur le nombre des occupants.

— Mais ce monsieur prend son café !
— Mais celui-ci est aux cabinets !
— Mais cet autre est au télégraphe !

Doux mensonges ! Le chef de gare sait que vous n'êtes que trois ; il vous adjuge cavalièrement un quatrième, et si le besoin s'en fait sentir, un cinquième.

Dire que c'est drôle, non, ce n'est pas drôle. Mais, mettons-nous à la place de ceux qui ont payé, comme vous, le droit d'être voiturés! Il faut bien qu'on les case!

L'implacable misanthropie qu'enseigne le voyage en chemin de fer répond à cela :

— Qu'on les case ailleurs!

Doit-on saluer en entrant?

Doit-on saluer en entrant dans le compartiment de chemin de fer, où déjà d'autres voyageurs sont installés? Ce cas de conscience a fait l'objet d'une polémique assez curieuse dans le *Figaro*. Un concours a été ouvert. On a demandé l'avis des gens sensés et la conclusion, malgré de virulentes affirmations, a été pour la négative.

Je suis de cet avis.

« Un de nos abonnés, dit un jour le *Figaro*, nous demande de répondre à la question suivante :

« Doit-on, lorsqu'on monte dans un compartiment de chemin de fer où plusieurs voyageurs sont installés déjà, porter la main à son chapeau pour saluer les personnes présentes? Nous demandons à nos lecteurs de répondre. »

La dame qui pince son poupon (page. 30)

Le lendemain, les lecteurs, au moins quelques-uns d'entr'eux, répondaient diversement. Sur vingt lettres douze étaient pour la négative et huit pour l'affirmative.

« Jamais de la vie ! disait l'une de ces lettres. J'ai payé ma place, je la prends, je l'occupe comme les autres. *Ils* font déjà un nez quand ils me voient entrer dans ce qu'ils appellent *leur compartiment*. Ne saluez jamais. »...

Un autre disait :

« Pas plus en chemin de fer qu'au café ou au restaurant vous ne devez saluer les bipèdes qui vous entourent. Pourquoi pas dans un cirque ? Remarquez la tête des gens qui saluent. Elle exprime une timidité exagérée, la bêtise ou la peur des gendarmes. »

Dans une lettre qui tenait pour l'affirmative on lisait :

« Lorsqu'on monte en wagon, on entre dans un endroit, privé ou public, à l'appréciation du voyageur et suivant son éducation. En portant la main à son chapeau, le voyageur accomplit un simple devoir de politesse envers des étrangers qui lui rendront la pareille quand ils descendront. C'est une loi de bonne compagnie. »

L'endroit est, à coup sûr, public. On n'y doit

pas saluer, — à moins qu'il n'y ait des dames et qu'on soit obligé de passer devant elles.

Mais quand il n'y a que des hommes, jamais, jamais! Il ne manquerait plus que d'ajouter : Bonjour la compagnie, je vous amenons le beau temps..

Le monsieur en coup de vent.

Vous voilà installé dans un coin.

D'abord quel coin doit-on prendre ? Le meilleur est incontestablement le coin « en arrière à droite », c'est-à-dire celui qui vous permet de vous accouder près de la vitre, sur le bras droit, et d'être voituré en arrière, le dos à la machine.

Il est bien connu, ce coin. Vous le verrez toujours pris le premier. C'est qu'il vous protège contre l'air, contre la poussière, le froid et les escarbilles. Si un mauvais plaisant imagine de transformer le compartiment en petite Sibérie, vous n'avez à souffrir que très peu de cette fumisterie, désagréable aux environs de la Toussaint.

Vous voilà donc installé dans ce bon coin ; trois voyageurs forment avec vous-même le nombre quatre qui doit être le *desideratum* honnête de tout voyageur partant pour un assez long trajet, pour un trajet dans lequel il y a une nuit à passer.

Mettons de Paris à Marseille, par exemple. Vous êtes quatre dans un compartiment : vous savez qu'on ne prendra pas un seul voyageur en route avant Lyon; votre joie est donc pure lorsque vous voyez qu'on ferme les portières, que le frein fonctionne régulièrement et qu'une minute vous sépare du coup de sifflet final. Votre joie est pure parce que vous savez que quatre voyageurs dans un compartiment de première peuvent dormir sans se gêner les uns les autres. Chacun a son coin et peut adopter la pose du *chien de fusil* pour sommeiller à son aise, chose qui ne serait pas facile si un cinquième colis humain venait se mettre en travers de cette partie carrée.

Crac, ça y est! — Un monsieur arrive, en coup de vent, effaré, essoufflé; les employés le secouent, mais l'embarquent tout de même, au petit bonheur, et c'est toujours dans le compartiment où vous êtes tranquillement installé que celui-là se hisse, — en véritable intrus par exemple!

Oh! sa tête, il faut la voir!

Et la vôtre donc, vous ne la voyez pas!

Quel coin va-t-il entamer avec son postérieur?

Le monsieur qui aime à reposer ses yeux sur un objet aimable (page 39).

Le vôtre, — naturellement, parce qu'il est le meilleur. Coquin de sort!

Très embarrassé, le monsieur, mais combien plus embarrassant!

Un jeu très connu consiste à lui opposer une force d'inertie persistante, à feindre de croire qu'il a jeté son dévolu sur le coin du voisin.

Peine perdue!

Ayant manifesté par un geste le désir de s'asseoir à votre senestre, le voyageur en coup de vent ne veut pas en avoir le dédit. Il se tient là, debout, et au besoin il murmure un :

— Pardon, monsieur, sur lequel vous ne pouvez plus longtemps vous méprendre.

Je ne sais si j'ai la guigne, mais neuf fois sur dix je reçois le monsieur en coup de vent dans mon A.

NOTA BENE. — L'A, c'est le wagon de 1re classe, le B, celui de 2e classe; le C, celui de 3e classe (langage technique). C'est du reste écrit dessus. AB, wagon contenant des premières et des secondes.

Ce que c'est que d'observer sans trêve!

Le monsieur qui aime à reposer ses yeux sur un objet aimable.

Les chercheurs de coins ne sont pas les seuls types curieux que l'observateur découvre sur le quai du départ. Il y en a beaucoup d'autres.

Ainsi, le monsieur qui aime à reposer ses yeux sur un objet aimable.

C'est la plaie des voyages de noces et des parties galantes. Il est impitoyable. Sa valise à la main, il fouille du regard tous les compartiments de première classe. Il va, il vient, il attend, il cherche, il suppute. Que veut-il? Une femme.

Veut-il une femme seule?

Non. Le monsieur qui cherche une femme seule est une variété de l'homme qui nous occupe. Celui-ci veut une femme, qu'elle soit en puissance de mari, ou d'amant, ou de père, peu lui importe. C'est un passionné du genre secret qui se tient à lui-même le raisonnement que voici :

— Je vais monter dans ce train pour y passer six ou sept heures. A quoi bon passer six ou sept heures en compagnie d'hommes grossiers comme moi, mal fichus comme moi, empuantis de tabac comme moi? Mieux vaut les couler douces en face d'une jolie femme, s'il y en a une dans le train.

Et comme un chien qui flaire la femelle, notre gaillard avise le compartiment où vient de monter la jolie femme, avec son mari ou avec son amoureux. Le couple est tout heureux d'avoir découvert deux coins solitaires. On se promet des caresses délicieuses quand le train se mettra en route. En tout bien tout honneur, on ne songe qu'à s'embrasser, qu'à se manger les joues et les lèvres en disant des bêtises. Il n'est rien de plus charmant que ce duo d'amour qui se prépare.

Casse-t-on d'un coup de pouce la branche sur laquelle repose le nid de fauvettes?

Chasse-t-on de leur maisonnette les tourtereaux qui se bécotent?

Non. L'homme répugne à cette barbarie.

Eh bien, ce que l'homme ne fait pas pour les animaux, il le fait pour ses semblables. Froidement, cyniquement, le monsieur qui aime à reposer ses yeux sur un objet aimable vient occuper le troisième coin du wagon. Souvent il est suivi d'un de ses pareils, qu'il ne connaît pas, qui ne le connaît pas, mais qui est affecté de la même maladie voluptueuse. Et voilà le tête-à-tête remis aux calendes grecques. La dame devient triste, et son compagnon revêche.

Cela peut avoir l'air d'un paradoxe. Ne me croyez point si vous ne voulez point me croire, mais je jure que c'est l'absolue vérité. J'ai observé cent fois ce manège.

Il est presque impossible à un homme qui emmène avec lui une jolie femme de se trouver seul en wagon avec elle. C'est un axiome.

Vous me demanderez ce que notre importun espère en se faufilant ainsi dans un duo d'amour? Il ne pense assurément pas *voir* des horreurs, puisqu'il est là pour empêcher qu'elles soient consommées. Non, il se dit que la vue d'un joli visage le distraira, l'excitera au besoin dans sa solitude où un vieux levain de volupté sommeille. Il fera semblant de dormir, et du coin de l'œil il dévisagera la jolie femme, il l'analysera du haut en bas, il la dévêtira par la pensée, il cherchera dans son cerveau mille choses polissonnes, et finalement il s'endormira, heureux de ce voisinage qui sentira bon, et qui sera peut-être capiteux jusque dans le sommeil.

Impossible d'emmener une jolie femme avec vous, je le répète. Les hommes sont comme des chiens autour d'elle; et forts de leur droit,

occupons ont généralement passé l'âge où ils pourraient être dérangés, eux ! De là leur ténacité, leur égoïsme, leur cynisme implacable !

Regardez-les sur le quai de la gare. Ils sont généralement gros, rougeauds, avec la barbe poivre et sel, et des lunettes.

Un jour, à Saint-Cloud, je monte en retard dans le train qui arrivait de Versailles. L'employé me pousse dans le premier wagon venu. Deux amoureux l'occupaient : C'était justement une grande artiste des Français et un de ses camarades qui venaient de se réconcilier après des orages bruyants. J'étais désolé, et tellement désolé d'avoir troublé leur tête-à-tête, qu'à Suresnes je descendis, pour remonter aussitôt dans le compartiment voisin, où deux vieilles folles causaient politique.

Evidemment, mon acte de haute délicatesse n'a pas été apprécié. Les deux amoureux se sont dit simplement :

— Voilà un homme qui ne va pas loin.

Mais qu'est-ce que ça me fait ? Ma conscience était tranquille, J'avais été clément au couple qui voyageait.

Lecteur, soyez clément aux couples qui voyagent !

Le monsieur qui cherche une femme seule.

Celui-là est un autre type. Généralement il est jeune et plein d'illusions sur la valeur de son physique. C'est un fat, en trois lettres, qui espère séduire en chemin de fer une beauté peu sévère.

Si, par un hasard qui peut être qualifié de providentiel, notre coco trouve une femme seule dans un compartiment, il s'asseoit en face d'elle avec affectation, il prend des poses, il a des regards à la Cagliostro, destinés à magnétiser l'infortunée. Il lui offre des journaux, la questionne sur le temps et la longueur du trajet, et se renferme enfin dans le silence d'où il n'aurait jamais dû sortir, car la dame est pure, et témoigne son ennui de cette sotte compagnie.

Nous retrouverons au chapitre suivant ce tête-à-tête, quand nous nous occuperons des détails du voyage.

La petite dame au revolver.

Elle est mignonne, fluette, bien mise, et brave comme un chasseur à pied. Ce n'est pas elle qui pleurniche quand son mari lui parle de venir le rejoindre à deux cents lieues de Paris! Ce n'est

La petite dame au revolver (page 44).

pas elle qui boude sur une nuit en chemin de fer !
Ce n'est pas elle qui dit : Il fait trop chaud, ou
il fait trop froid, ou c'est bien salissant !

Elle est l'énergie même, et l'amour vrai lui
donne cette énergie. Il faut tout dire. La majeure partie de sa confiance, de sa bravoure,
vient d'un petit revolver, ivoire, acier et nickel,
que sa poche dissimule à tous les yeux, et dans
lequel il y a de petites balles microscopiques.
Les traîtresses ! Si elles vous entraient dans le
ventre ou entre les deux yeux, vous m'en diriez
des nouvelles, galantins ou spadassins des voies
ferrées !

Mais voilà. La petite dame n'a jamais eu l'occasion de se servir de son terrible joujou. L'occasion se présentant, en aurait-elle le temps, le
sang-froid, la force ?... Pauvre mignonne, ce qui
lui arrive le plus fréquemment, c'est de s'asseoir
dessus, dans un petit tortillement de coquetterie.

Et paf ! l'arme perfide emplit le compartiment
de son bruit sec ; la balle va se loger dans le
coussin... à moins qu'elle n'aille explorer des
régions intimes que seul le mari doit connaître...
N'insistons pas. Mais cela s'est vu.

La dame qui veut garder son chien (page 47).

La dame qui veut garder son chien.

Elle est jolie, tout au moins agréable; mais toujours agréable.

Lui, un beau toutou, plus souvent épagneul qu'autre chose, caniche quelquefois, gros et gras, propre, luisant, choyé comme un baby.

Ils s'adorent; ils sont inséparables.

Elle n'aime pas l'emmener en voyage, à cause des employés de chemin de fer qui sont si hargneux et des voyageurs qui sont si peu complaisants.

Pourtant, à chaque voyage, elle recommence à distribuer aux personnes présentes les plus jolis sourires. La voici, tenez, qui arrive. Le sous-chef de gare l'a autorisée à garder son chien, pourvu qu'elle ait le consentement de toutes les personnes présentes.

Et la voilà qui demande au gros monsieur du coin, avec un sourire assassin.

— Comment donc, madame, faites donc!

C'est un bon, celui-là.

Puis au maigre et chétif qui est en face, autre mimique adorable.

— Parfaitement, madame.

Celui-là, c'est un sec.

Et à mesure qu'il en monte un troisième, puis un quatrième, elle recommence son délicieux manège. Quel rustre oserait y résister?

Enfin, tout le monde ayant acquiescé, le toutou disparaît sous la banquette et la dame prend un livre qu'elle ne lit pas. Azor l'occupe tout entière.

Le gros des voyageurs.

L'heure avance; les voyageurs se multiplient. Hommes et femmes, plus ou moins drôlement accoutrés, sortent de la salle d'attente, suivis de facteurs sans nombre, et circulent, dévisagent, cherchent, supputent, réfléchissent, avisent.

Il y en a qui sont malins, et qui se casent toujours aux bons endroits.

Il y en a qui sont fins comme l'ambre et qui savent trouver les meilleures combinaisons.

Il y en a d'autres qui sont stupides, embarrassés, empotés, qui ne savent jamais se retourner, et qui trouvent toujours le moyen d'être huitièmes dans un compartiment.

C'est l'éternelle division de l'espèce, en fouines, renards, blaireaux, dogues, canards, oisillons et dindons.

Le départ des jeunes fiancés (page 50).

Le départ des jeunes mariés.

Quel est ce groupe? Un jeune homme, tout fier. Une jeune femme, toute chose. Un monsieur gris et tout bruyant. Une dame âgée, et tout inquiète. C'est un voyage de noces!

Les contrôleurs frisent leur moustache. C'est toujours une aubaine que ce départ bébête de deux nouveaux époux pour la Corniche. Oh! l'usage! l'usage! l'inepte usage!

Papa beau-père connaît le chef de gare. Il le connaît approximativement. Son associé a un fils qui a fait ses vingt-huit jours avec un neveu du sous-chef. Mais peu importe. Il s'avance en souriant, avec la belle-mère. Le groupe des époux et des amis reste à quinze pas.

— Monsieur le chef de gare?...

— Monsieur... Madame...

— Ce sont deux jeunes mariés que je vous amène... Ils vont à Nice, par l'express de nuit. Vous comprenez... Je louerais bien un coupé... Mais j'ai pensé qu'en vous les recommandant, en me recommandant de M. un tel, vous auriez des égards... Nous ne roulons pas sur l'or... et dame, vous savez ce que c'est... Ils sont bien gentils...

Si vous pouviez leur faire réserver un compartiment, nous serions aux anges...

— Ces chérubins, ajoute la belle-maman, avec des larmes dans la voix.

— C'est accordé, murmure le chef de gare, qui accorde aussi un petit sourire aux jeunes mariés, venus peu à peu jusqu'à lui.

Le chef de gare s'en va. Mais il faut tout dire. Moins d'un an après ces événements, comme on lit dans les livres d'autrefois, il reçoit une boîte de dragées.

La grosse dame qui hésite à monter avec un monsieur seul.

Oh! ma chère!

C'est une personne jeune encore, mais plantureuse à l'excès. Des charmes, des charmes! Quatre-vingt-dix kilos de charmes. Robe de cachemire, robe de dentelle, bras à demi-nus, ou manteau de fourrures d'un millier de francs selon la saison. Mais sous ces belles choses un corps hippopotamesque, — qui exclut la moindre idée de gaudriole chez le monsieur seul, lequel est là, dans son compartiment, lisant son journal, sans songer à mal, le pauvre homme.

— C'était un petit brun, ma chère, un jeune

homme de vingt-huit à trente ans. Le train de Mantes allait partir et moi j'allais à Houilles. Alors vous comprenez, vingt minutes toute seule avec ce monsieur, ça m'effrayait. Les autres compartiments étaient pleins de monde. J'attendais jusqu'à la dernière minute, comme si je comptais sur une amie pour partir avec elle, espérant toujours qu'il viendrait quelqu'un pour faire un troisième.

Enfin une vieille dame arrive. L'employé la presse. Pourvu qu'elle ne monte pas dans les dames seules, que je me dis! — Non, elle monte dans le compartiment au monsieur seul, parce que la portière était là, tout ouverte et qu'on n'avait plus qu'une demi-minute à peine. Alors, ma chère, j'ai poussé un soupir, je suis montée après elle. Je me suis assise dans un coin, regardant la campagne et tournant le dos au monsieur, bien entendu. Vous comprenez, ces hommes sont si entreprenants! Enfin, ma chère, il ne s'est rien passé!

Pécore, va!

C'est généralement une ancienne rôtisseuse de balais qui se range après avoir engraissé. Et quand on se range dans cette profession-là, on devient terrible.

La grosse dame qui hésite à monter avec un monsieur seul (page 51).

La place marquée.

Grosse question, que les ergoteurs et les gens mal élevés croient en litige, alors qu'elle est tranchée et résolue depuis longtemps par les tribunaux.

Une place marquée dans un compartiment, par une couverture, par un vêtement, par une canne, par un journal même, appartient-elle au voyageur qui l'a retenue en se donnant la peine d'y déposer l'un de ces objets ?

Oui. Elle est sa chose, sa propriété, et c'est porter atteinte à cette propriété que de prendre l'objet qui marque la place pour l'envoyer ailleurs, afin de pouvoir dire plus tard, quand le titulaire revient :

— Je ne savais pas... Je ne croyais pas... Ce n'est pas une raison... Je suis dans mon droit... Il fallait occuper vous-même, en personne...

Aucune contestation là-dessus n'est admissible aujourd'hui, et seul le monsieur mal élevé feint d'ignorer la jurisprudence à laquelle un voyageur énergique le rappelle toujours.

Vous arrivez à la gare de Paris dès la formation du train. Vous avez votre billet, vous passez sur le quai, vous marquez votre place avec vos petits colis et vous allez tranquillement déjeuner ou dîner au buffet, avec la certitude de voyager convenablement dans le coin de votre prédilection.

Il serait trop simple d'admettre que le premier venu peut dix minutes ou un quart d'heure après vous déposséder.

Un ministre des travaux publics a fort bien pensé lorsqu'il a écrit la lettre suivante que je livre aux réflexions des malotrus :

« *Extrait de la décision ministérielle du 30 septembre 1869, adressée à M. l'Inspecteur général directeur du contrôle du Midi.*

« A l'égard du refus fait par le chef de gare d'intervenir pour faire restituer à qui de droit les places marquées dans les voitures, vous faites remarquer qu'il est généralement admis, sur les chemins de fer, que les voyageurs, lorsqu'ils s'absentent temporairement, ont le droit de marquer leurs places. Vous en concluez que les représentants de l'autorité et les agents des Compagnies sont tenus de faire respecter ce droit, pour empêcher que l'ordre soit troublé dans les gares par les discussions qui pourraient s'élever entre les voyageurs au sujet de l'attribution des places. Vos observations me paraissent parfaitement fondées.

« *Le Ministre des travaux publics.* »

Le monsieur rare, qui n'aime pas être seul.

Hélas, dirai-je qu'il y a quelquefois des voyageurs qui fuient la solitude du wagon, si recherchée en France? L'espèce en est rare, mais il faut la consigner ici comme les autres.

D'abord il y a le monsieur qui a peur d'être assassiné. Par qui sera-t-il assassiné s'il est seul dans un compartiment ?

Par un homme qui pourrait venir le long des marchepieds.

Aussi ce voyageur comique recherche-t-il les compartiments où il y a déjà deux ou trois personnes.

Ensuite il y a le monsieur qui a peur de lui-même.

Ceci est plus délicat à expliquer... Ce monsieur-là est sujet à une aberration... mettons démoniaque, du moment qu'il se trouve seul quelque part. Elle est plus forte que lui. Lisez Tissot, c'est épouvantable.

Le compartiment des dames seules.

Voici une dame qui cherche les *Dames seules.*

Que de lances ont été rompues dans la presse, il y a dix ans, pour obtenir des Compagnies qu'un compartiment fût réservé dans chaque train aux dames voyageant seules! Sage précaution, qui rend de grands services aux femmes.

Mais avez-vous remarqué que nombre de femmes voyageant seules s'obstinent à ne pas monter dans ce compartiment? Ces réfractaires sont de tous les âges, de tous les mondes; il y en a d'élégantes, de vertueuses, de légères, de fort spirituelles et de très niaises. Si vous les interrogez elles vous répondront :

— Ah! les dames seules! c'est assommant. On n'y rencontre que des vieilles matrones qui jacassent sans arrêter.

Ou bien :

— Oh! les dames seules! Ne m'en parlez pas. On n'y voit que des figures en lame de couteau. Sitôt qu'une jolie femme entre là-dedans, elle est toisée, inventoriée, par un personnel spécial de vieilles rigoristes, de jeunes maniaques qui n'auraient pourtant rien à craindre si elles voyageaient seules avec un régiment d'artilleurs.

Doit on conclure que la « dame seule » qui monte dans un compartiment ordinaire vient y chercher des flirtations malsaines? Que non pas! La dame seule qui ne monte pas dans les *Dames seules* est simplement une femme d'esprit, qui connaît les faiblesses de son sexe, et qui les fuit.

Elle ne prend les *Dames seules* que lorsqu'il lui faut faire un trajet quotidien et court, un trajet de banlieue par exemple où elle est exposée à se trouver chaque jour avec les mêmes hommes, égrillards et polissons, qui lui murmurent des saletés à l'oreille ou l'auscultent d'une manière indécente.

— Ah! les femmes en troupe sont terribles, mais les hommes en troupeau ne valent pas cher. Ce qu'il y a de vilains bonshommes dans le tas, c'est effrayant!

Je tiens cette amère réflexion de jolies voyageuses, qui n'ont pas comme on dit, froid aux yeux.

*
* *

Le compartiment des *Dames seules* existe dans tous les pays du monde. Maintenant, il n'est pas de si petit réseau qui n'ait ces écriteaux:

DAMES SEULES, en France.
SIGNORE SOLE, en Italie.
LADIES ONLY, en Angleterre.
DAMEN, en Allemagne.
SENORAS, en Espagne.
KVINDER, en Danemark.
Etc., etc.

Les deuxième et troisième classes bénéficient plus encore que la première de cette mesure défensive. Et cela se comprend ; plus on descend l'échelle sociale, plus la brutalité de l'homme menace la femme, plus la femme a besoin d'être protégée.

Le compartiment des fumeurs.

Voyez ce brave monsieur qui marche le long du train, sa couverture de voyage à la main ! Ce n'est pas lui qui va se mettre à la recherche d'un couple en mal d'amour ou d'une femme seule. Il n'a pas de ces objectifs égrillards, lui !

Ce brave monsieur est un fumeur, qui cherche le compartiment des fumeurs, pour y fumer sa pipe, en regardant la belle nature et en rêvant à ses affaires. Voilà un bon voyageur. Voilà un sujet sain.

Le fumeur qui monte dans le compartiment

des *fumeurs* fait acte de loyalisme. Il se prive du plaisir aléatoire d'être seul dans un compartiment quelconque pour avoir le plaisir certain de fumer à sa guise, — au risque d'avoir sept compagnons de route, et de voyager dans un nuage épais.

Là est le grand tort des Compagnies françaises, qui ne mettent qu'un compartiment de fumeurs par train. Il en faudrait au moins quatre.

La Compagnie de l'Ouest a trouvé la solution du problème si désagréable des fumeurs en chemin de fer, mais cette solution, elle ne l'applique que sur les lignes de Saint-Germain et d'Auteuil. On dirait qu'elle n'ose pas la risquer sur les grandes lignes. Cette solution consiste en une inscription du mot FUMEURS sur tous les wagons de première et de seconde classes, à raison d'une inscription seulement par wagon de quatre compartiments. De cette façon quel que soit le nombre des voitures de première et de seconde qui composent le train, il y a toujours un quart des places réservé aux fumeurs, qui comptent aujourd'hui pour cette proportion, et largement, dans le monde des voyages.

Demander, comme certains adeptes du tabac à outrance l'ont fait, que le droit de fumer soit partout en chemin de fer et que certains compartiments soient réservés aux *non-fumeurs,* c'est de la folie pure. Il n'y aurait plus alors ni bienséance, ni commodité dans le voyage. Il n'y aurait plus que l'oppression d'une majorité moutonnière par une minorité tyrannique. Point de cela ! Nous ne sommes pas des Anglais, ni des Allemands, et notre tempérament national est moins porté sur le tabac que celui des honorables Anglo-Saxons.

Non, ne transformons pas tous nos wagons en tabagies, où les formes diverses des pipes le disputeraient à la grosseur des cigares. Soyons plus logiques, et plus justes. Réservons un quart des places aux fumeurs, par le moyen radical adopté à l'Ouest, et chacun sera content.

Nous retrouverons plus loin les messieurs qui demandent aux dames la permission de fumer, ceux qui la prennent, ceux à qui on la retire, et bien d'autres encore, types engendrés par le manque de compartiments spéciaux.

Il faudrait qu'en France le ministère des travaux publics s'en mêlât, et imposât aux Compagnies le *modus fumandi* nouveau système de la ligne d'Auteuil, mieux en rapport que l'ancien avec nos mœurs contemporaines.

Le compartiment des fumeurs (page 58)

En Allemagne, il y a des compartiments avec Raucher et des compartiments avec Nicht Raucher. C'est très bien, mais dans ceux qui n'ont aucun écriteau, peut-on Raucher si l'on y est seul ? S'il y a quelqu'un avec vous, rien ne vous défend d'y raucher puisque l'écriteau : Nicht Raucher n'est pas là ? C'est amphibologique.

Même observation pour la Hollande, avec le Rooken e le Nét Rooken.

La vraie solution, je l'ai dit, c'est nous qui la tenons. Et nous ne l'appliquons pas !

Des gants ! Des gants !

La vie en chemin de fer est celle qui vous use le plus de gants !

La vie dans le monde, au moins, vous permet de mettre quelques jours de suite la même paire. En wagon, c'est impossible. Dès la cinquième heure de chemin de fer, les gants les plus sobres en couleur sont devenus noirs. Ils ont touché tant de poignées en cuivre, émaillées de charbon humide, tant de coussins noircis, tant de valises poussiéreuses, que leur teinte primitive a disparu sous une couche épaisse de suie noirâtre.

Il est impossible de voyager sans gants. J'imagine que le voyageur un peu long sans gants, doit donner une sensation pénible; visqueuse, repoussants, à cause des cent objets qu'on est obligé de toucher avec la main. Aussi, pour rien au monde, ne montez en chemin de fer sans avoir dans vos poches une ou deux paires de gants, fatigués déjà, et destinés à périr sur les poignées des portières.

J'avoue, pour ma part, que si je m'apercevait au dernier moment que ces bienheureux gants me manquent, j'aimerais mieux ne pas monter en wagon, retarder mon départ de douze heures au besoin, ou, s'il en était temps encore, courir chez la gantière la plus voisine et lui enlever de haute lutte une paire de Suède à deux soixante-quinze, que cette aimable négociante me ferait payer quatre francs, illico, vu la circonstance.

Les lanceurs de chaufferettes.

Si vous montez en wagon dès la formation du train, vous avez l'agrément de recevoir sur les pieds les chaufferettes que de braves ouvriers vous lancent avec une conviction d'autant plus énergique que le froid est plus intense.

Malgré toutes les recherches de la science, aucune compagnie n'a pu encore découvrir un moyen satisfaisant pour chauffer les wagons dans leur ensemble. Tout a progressé depuis cinquante ans excepté le chauffage des chemins de fer. On vous lance encore aujourd'hui, en France, la boule d'eau chaude, insupportable quand il fait tiède, incommode quand il fait froid. Certes, elle ranime les pieds engourdis, mais souvent c'est en tombant dessus avant de glisser dessous.

La Compagnie de l'Est avait essayé d'un chauffage tubulaire qui paraissait donner de bons résultats. On entrait dans le compartiment, qu'un fourneau extérieur chauffait méthodiquement, c'était l'air du wagon qui devenait peu à peu tempéré, et le bien-être éprouvé par le voyageur était là indiscutable. Pourquoi n'a-t-on pas poursuivi ces essais ! A de plus compétents le soin de l'expliquer.

Ce qu'il y a de certain c'est que les chaufferettes avec leurs cuves immenses et leurs appareils d'ingurgitation fonctionnent plus que jamais aujourd'hui, et qu'on en est toujours à la boule chaude dont la découverte se perd dans la nuit des temps.

Il y a quatre manières de ne pas recevoir les

Les lanceurs de chaufferettes (page 63).

chaufferettes sur les pieds, quand la minute du lançage a sonné.

1° En s'asseyant brusquement et en levant les jambes, — les genoux au menton, les pieds rabougris. Position très désagréable, quand les lanceurs de chaufferettes s'interpellent au lieu de faire leur office.

2° En se jetant sur les genoux, le *nez* au mur, les genoux dans le coussin, les mains accrochées au filet, les pieds en l'air, dans la position d'un homme qui fuit un chien et qui pour le mieux fuir s'apprête à faire le trapèze.

3° En se couchant brusquement sur le coussin, les jambes horizontalement relevées. Mais dans cette posture, on risque d'allonger deux coups de pied à son voisin. Et s'il est grincheux, un duel peut s'ensuivre.

4° En se pendant au cou de sa belle-mère, si par hasard elle se trouve là. L'émotion et la secousse peuvent la tuer. C'est une éventualité qui commande l'attention.

Le seul progrès qu'on ait réalisé dans le chauffage des chemins de fer c'est que la bouillotte, comme on appelle encore la chaufferette, a été généralisée. On la réservait autrefois aux seuls voyageurs de première classe, ce qui était

Le compartiment des dames seules (page 56).

absurde. Un homme très bien, qui paie 106 fr. 30 pour aller à Marseille, en première, n'est certes pas plus sujet à geler de froid en route qu'un homme moins riche, je ne dis pas moins bien, qui fait le même trajet en seconde pour 79 fr. 75. Même raisonnement pour celui qui, moins fortuné encore, ne peut aller de Paris à la Cannebière qu'en troisième classe, moyennant 58 fr. 50.

Il est même logique de soutenir que le voyageur des troisièmes, qui est assis sur le bois, adossé au bois et dont les pieds reposent sur le bois, est bien plus vite transformé en glaçon que les voyageurs des deux premières classes, qui ont des coussins sous eux, du drap derrière eux et des tapis sous les pieds. C'était donc par les troisièmes que l'humanité eût commandé naguère de commencer le chauffage.

Or, il a fallu batailler des années pour amener les Compagnies à chauffer les trois classes, sans distinction.

Encore trouverez-vous sur la ligne du Nord des trains allant de Paris à Creil (1 h. 1/4 de trajet) où les secondes mêmes n'ont pas plus de chaufferettes que les troisièmes.

Par quatre ou cinq degrés de froid, comme c'est drôle pour les voyageurs ! Eh bien, ils ont beau geler, les voyageurs, et crier qu'ils gèlent, c'est comme s'ils chantaient.

— Frappez-vous les flancs de vos bras, dit la Compagnie du Nord, inflexible et sauvage, faites comme les cochers quand ils sont transis, ça vous réchauffera vite !

De semblables atteintes au droit du voyageur et à la plus élémentaire humanité ont lieu de surprendre dans une grande Compagnie dont les plus gros actionnaires sont les frères de Rothschild, bien connus par leur immense fortune et aussi par leur philanthropie.

On voit bien que ces messieurs ne vont jamais à Creil qu'en première classe, dans un salon réservé, bien chaud et bien clos, en fumant de gros cigares !.....

Le chef de gare obligeant.

L'humeur des chefs de gare est ondoyante et diverse, suivant le tempérament, suivant les jours, suivant les embarras du service et la rapidité de leur avancement. Ils sont légion et cependant on peut ramener leurs silhouettes très différentes à trois types : le chef de gare obligeant, l'important, et le taciturne.

Le chef de gare obligeant n'a pas d'âge. Il y en a des jeunes, il y en a des vieux. Ceux-ci sont cependant la majorité.

Il est poli, empressé, il suit de l'œil le manège de l'embarquement et surveille ses subalternes dans leurs relations avec le voyageur. Cela, bien entendu, sans perdre de vue son horloge. Toutes les réclamations sont accueillies par lui avec un sourire de sympathie qui désarme les grincheux et encourage les timides. Avec les hommes il est conciliant, avec les dames il est affable. Si vous avez fait quelque bêtise, quelque erreur énorme dans l'expédition de vos colis ou de votre propre personne (cela s'est vu), il s'empresse de mettre tout en œuvre pour réparer le mal. Il télégraphie, il écrit, il téléphone, il donne des ordres, enfin il s'occupe de vous comme si vous étiez son parent ou son ami. Ah! le bon chef de gare! Sa casquette blanche devrait être entourée d'une auréole qui le signalerait à la masse des voyageurs.

La crainte d'être *rembarré* par quelque chef de gare poseur arrête souvent la plainte de la gent moutonnière.

L'important.

C'est souvent un petit monsieur sec, qui a des prétentions inouïes. Il sort d'une bonne famille, aussi se considère-t-il comme très humilié par l'expédition autant que par la réception quotidienne du bétail humain. Il aimerait presque mieux l'autre.

Il sait tout, du moins c'est lui qui le dit. Il en a tant vu, tant vu que sa cervelle en est détraquée. Les voyageurs sont tous des imbéciles, les voyageuses des aventurières. Aussi envoie-t-il asseoir, — c'est en situation — réclamants et réclamantes, avec un ensemble extraordinaire.

Il n'admet que ce qui vient des bureaux de la Compagnie.

Oh! devant tout ce qui vient des bureaux de la Compagnie, il tire sa casquette! Mais qu'on ne lui parle pas d'une ombrelle oubliée, d'un parapluie perdu, d'une correspondance manquée. Ça n'est pas son affaire. C'est l'affaire de cet imbécile de public. Il a des affiches, des indicateurs, des bureaux de renseignements, un commissariat spécial dans la gare, qu'il se débrouille.

Et tout cela est dit sur un ton, avec une voix qui sort du bout des lèvres, au milieu de phrases entrecoupées d'ordres brefs, contradictoires, jetés à dix employés qui passent, ahuris et qui obéissent en baissant la tête.

Le chef de gare important n'est pas à prendre avec des pincettes.

Le taciturne.

Celui-là est généralement doux, mais terne. Son esprit voyage dans un rêve qui n'a jamais pu s'accomplir. Il est chef de gare par nécessité. Sa vocation était ailleurs. Était-elle dans l'industrie ? Dans la navigation ? Dans les arts ? Dans la musique ? Dans la poésie ? On ne sait là-dessus que ce qu'il veut bien dire aux voyageurs qui passent souvent dans la gare et à qui le chef de gare taciturne fait une confidence par ci par là.

Ah ! le chef de gare artiste ! Le chef de gare poète ou peintre qui, entre le passage des trains 800 et 954 bis, rime un sonnet ou commence une aquarelle ! Quel type curieux !

Quand un voyageur passe, qui touche à la *partie*, à cette partie dans laquelle notre homme n'a pu se lancer parce qu'il fallait vivre avant tout, le visage du taciturne s'illumine un instant. Il cause avec volubilité des derniers monologues parus, de la dernière pièce de Coppée ou du dernier tableau de Cabanel. Il critique doucement et louange avec zèle, selon son cœur impartial de poète en chambre à qui le règlement interdit de peindre sur la voie et de rimer en public.

Cette minute de conversation avec le voyageur artiste ou lettré emplira de bonheur toute la journée du chef de gare taciturne. Il s'y cramponne. Les autres voyageurs le trouvent froid ce jour-là. Il fermera lui-même le loquet de son heureux partenaire, mais il voudrait bien le retenir. Il monte sur le marchepied de son compartiment et lui parle encore, jusqu'à la dernière seconde, des récents débuts de Mlle X... aux Français ou de la première qu'on annonce au Vaudeville, ou de la trouée que vient de faire le peintre Y....

Pour un peu, il retarderait le départ de l'express... Il s'arrache enfin à cette conversation enivrante et il donne le signal d'un geste découragé. Le voyageur s'éloigne, emporté par le train qui roule avec fracas sur les plaques tournantes, et le chef de gare taciturne rentre à pas lents dans son bureau où des monceaux de pièces attendent sa signature.

Son rêve encore une fois lui est revenu, puis s'est envolé en lui faisant la nique.

Le chef idéal.

Quand vous prenez l'express à Paris pour Marseille, Nice ou Rome, que ce soit le matin, que ce soit le soir, que l'express soit dénommé Rapide, Eclair ou Train de Luxe, vous apercevez toujours depuis douze ans, et vous apercevrez longtemps encore, un grand monsieur décoré, coiffé d'un chapeau tuyau de poêle, presque imberbe, avec une petite moustache noire, des yeux pleins d'esprit et un sourire toujours ouvert.

Cet homme qui circule, confondu avec les voyageurs et qui donne, sans uniforme, sans casquette, des ordres à tout un monde galonné, aux sous-chefs de gare rentoilés de blanc aussi bien qu'au dernier commissionnaire, est l'inspecteur principal de la gare de Lyon, M. Regnoul, le chef des chefs de gare, l'idéal du genre, l'homme que beaucoup jalousent et que la Compagnie pourra difficilement remplacer quand il sera parti, lui aussi, pour ce diable de voyage qui met fin à tous les autres.

Il préside aux détails de la gare la plus importante de Paris et de la France entière. C'est par là que s'en vont les voyageurs de l'Orient, des

Indes et de la Chine. Sans aller si loin, les milliers de touristes qui se rendent à Lyon, Valence, Avignon, Cette, Marseille, Cannes et Nice constituent, surtout l'hiver, une véritable armée. Il y a bien peu de voyageurs, familiarisés avec la ligne, qui ne connaissent M. Regnoul, qui ne l'aient regardé curieusement comme un être surnaturel, à cause du bien énorme que les journaux de tout temps ont dit de sa personne.

C'est que M. Regnoul possède au suprême degré l'art de tourner les difficultés de la situation et de concilier les exigences des voyageurs avec les intérêts de sa Compagnie. Tout le monde veut lui parler parce qu'on sait que si on lui demande un service, il fera son possible pour le rendre. Et s'il ne le rend pas, il s'en excusera avec une telle bonhomie et une franchise si charmante que l'on se consolera vite d'avoir fait chou-blanc.

Il faut assister au départ d'un de ces grands express méditerranéens pour juger cet homme. Sur le quai : des ambassadeurs exotiques, des évêques de l'Indo-Chine, des députés, des sénateurs, des généraux, des préfets, des princes étrangers, des lords anglais, des nobles de France, tout cela pêle-mêle dans un va et vient affaire de la dernière minute :

— Monsieur Regnoul, ne pourriez-vous pas nous donner ceci?

— Monsieur Regnoul, ne pourriez-vous pas nous autoriser à faire cela?

Monsieur Regnoul par ci, monsieur Regnoul par là. Tout le monde connaît ce diable d'homme, l'aborde et reçoit de lui le meilleur accueil.

Si vous êtes mal placé, il vous trouve un coin sortable. Et il faut l'entendre quand vous vous préparez à déménager vos valises et vos porte-manteaux, il faut l'entendre appeler un homme d'équipe.

— Psttt! Sous-facteur!...

Et réexpédier, par l'intermédiaire du sous-facteur, vos bagages dans un wagon meilleur.

Grâce à cet homme serviable, le voyage à Nice n'est plus une corvée pour beaucoup de Parisiens qui, après avoir payé leur place au guichet, trouvent encore sur le quai du départ un père de famille pour les installer. Aussi quelle collection curieuse d'autographes M. Regnoul doit posséder! Quel panier il doit avoir, pour accumuler les cartes de remerciements, — plutôt encore celles de requête, car on demande plus qu'on ne remercie!

Il y a quelques années, un groupe de boulevardiers lui offrit un bronze commémoratif pour le remercier des obligeances qu'il ne cessait d'avoir pour le public en général et pour leur petit monde en particulier. N'est-ce pas le meilleur éloge qu'on puisse faire de ce chef de gare qui devient, *proprio motu*, un père pour ses voyageurs?

La réputation de M. Regnoul est telle dans Paris que nombre de gens qui ne le connaissent pas, même de vue, se réclament de lui. Il n'est pas rare d'entendre un monsieur qui se débat contre les observations du P.-L.-M. sur le quai du boulevard Diderot, dire avec importance :

— Je vais aller me plaindre à M. Regnoul.

La menace produit toujours son effet.

Il est même advenu un jour que ce type curieux de réclamateur s'est adressé à M. Regnoul lui-même, dans une discussion à propos de bagages, et lui a dit sévèrement :

— D'ailleurs, monsieur, coupons court à toute contestation. Vous êtes sans doute un employé de la compagnie, mais je vais porter plainte directement à M. Regnoul, et nous verrons ce qu'il pensera de votre manière de voir.

L'absence de galon est cause de ces méprises. M. Regnoul a l'air d'un voyageur comme les autres, et dans notre pays on n'imagine pas un homme occupant un tel poste sans qu'il porte une casquette truculente.

Le panache ! le panache !

Le commissaire de surveillance administrative.

Voyez ce monsieur aux moustaches grisonnantes, en brosse ou bien cirées. C'est un ancien militaire, évidemment. Il est décoré de la Légion d'honneur.

Il a de plus une casquette noire à galons d'argent. Pourquoi ?

C'est que ce monsieur, ancien militaire, est le commissaire de surveillance administrative de la gare. C'est lui qui représente l'ingérence de l'Etat dans le service des compagnies dont l'État a garanti le service d'intérêts.

Voilà dix ans que je voyage ; j'ai vu deux cents commissaires de surveillance administrative. Jamais je n'en ai vu un seul causer, ni ordonner, ni faire quoi que ce soit d'autre qu'une promenade de cent pas d'un bout de la gare à l'autre, pour tuer le temps.

Le commissaire de surveillance administrative est le péripatéticien des gares.

Le choix des wagons.

Sur les lignes P.-L.-M. prenez toujours place dans une voiture de 1re classe numérotée 11.000 et plus. C'est la série la plus récente des wagons construits pour la grrrande Compagnie. Ils sont nombreux, très vastes, très confortables. Les voitures numérotées 6.000 et au delà sont d'un type plus ancien, et beaucoup moins agréable. Le plafond y est beaucoup plus bas. Enfin c'est la diligence de campagne à côté de l'omnibus à trois chevaux.

Dites toujours au sous-facteur qui porte votre valise, si vous ne vous occupez pas vous-mêmes de chercher votre place :

— Trouvez-moi un coin dans une voiture 11.000.

Sur les lignes du Nord, choisissez les grandes voitures de 1re classe de préférence aux petites « caisses roulantes » que cette compagnie offre encore au public, et dans lesquelles un nain a peine à se tenir debout.

Les voitures nouvelles de 1re classe ont, sur le Nord, deux fois la dimension des petites. Il est aisé de les reconnaître, et on commence à en voir beaucoup. Quand remplaceront-elles tout à fait les vieilles « caisses roulantes », peintes comme elles-mêmes en bleu d'azur, et ornées d'une peau de bête?

Je ne vous recommande pas les secondes et les troisièmes de ladite compagnie du Nord. C'est ce qu'il y a de plus horrible comme matériel, *dans l'Europe entière.*

Sur les lignes de l'Ouest, prenez de préférence les voitures de 1re classe numérotées 800, 900, 1000 et au-dessus. Ce sont les grands modèles, très hauts et très commodes.

Sur l'Est, défiez-vous aussi des petites voitures vieillotes. C'est un matériel d'il y a vingt ans qui disparaîtra peu à peu, — trop lentement au gré des voyageurs.

Les nouvelles voitures de 1re classe sont fort belles sur les lignes de l'Est.

A recommander aussi, sur l'Est, les 2e et les 3e classes, confortables au possible. On sent le voisinage de l'Allemagne, quand on voyage sur le réseau de l'Est français. On le sent dans les moindres détails et dans la tenue générale, qui est parfaite.

Sur les lignes de l'Orléans, prenez toutes les

voitures de 1ʳᵉ classe indistinctement. Elles sont toutes admirablement conditionnées.

A l'Orléans le pompon pour le matériel à voyageurs! Quelles voitures! Et quelles belles secondes! Et quelles belles 3ᵉˢ classes! On a envie d'y monter rien qu'en les regardant le long du quai.

Le rapide de Paris à Bordeaux, et *vice versâ*, est l'idéal du train de vitesse, par sa rapidité et son confortable.

Les wagons du réseau de l'Etat.

Ah! ceux-là! ne vous en servez jamais! le matériel est neuf mais incommode, et le personnel, comme ses casquettes l'indiquent, appartient tout entier à l'armée des FONCTIONNAIRES de l'Etat. Les agents des autres compagnies sont des nains, des pygmées, à côté des représentants de l'Etat! Il ne manquait plus au gouvernement français que cette turlutaine : voiturer les gens moyennant finance!

Partout en Europe l'État peut acquérir, créer des chemins de fer et les exploiter lui-même. Mais c'est chose inadmissible en France, où la morgue du fonctionnaire le plus infime atteint tout de suite des proportions incommensurables.

Dans le réseau de l'État, chaque chef de station se considère autant qu'un percepteur des contributions. Le conducteur de trains estime qu'il est inamovible autant qu'un receveur de l'Enregistrement, et le dernier des graisseurs peut dire comme Louis XIV : l'État, c'est moi.

Le matériel roulant de l'État.

Ah! ces voitures de première classe surtout, ce sont les pires. Les troisièmes sont honnêtement rembourrées. Mais les premières, quel supplice d'aller là-dedans! On n'y peut tenir qu'à six, ce qui paraît être une amélioration dans le transport du bétail humain. Mirage trompeur! Chaque place est délimitée par un appuie-bras agaçant, qui ferme à tout jamais, la porte aux nonchalances, aux sommeils reposants que le voyageur à demi couché sur une banquette rembourrée appelle de tous ses vœux. Plus de banquettes, mais six cases, six coussins insupportables, qui se déboudinent avec le poids du voyageur et finissent par choir sous lui.

Et ces gares! Des déserts! Pas de buffets, pas de cabinets! Les voyageurs expulsent ce que vous savez... en plein air! Et le plus souvent pas du tout. Ceci ne devient pas plaisant pour les femmes. Je défie l'État de me montrer un W.-C. pour les dames, placé opportunément entre Paris, Saintes et Bordeaux !

Quand *il y en a*, le train s'arrête à des distances folles de ces refuges tant espérés. Un autre train coupe le chemin qui pourrait vous y conduire. C'est inouï de sans-gêne, mais c'est l'État ! Saluez, voyageurs, le gouvernement qui daigne vous véhiculer en commun pour de l'argent !

Et le personnel ! Une armée de gens à casquettes dorées, mais peu expérimentés. Les trains s'arrêtent à tout bout de champ. Les retards sont la normale de l'exploitation. On dirait que depuis le chef de gare jusqu'au dernier aiguilleur, personne ne sait exactement ce qu'il a à faire. On pourrait définir le personnel de l'État : une troupe d'acteurs qui ne savent pas leurs rôles. C'est ça qui n'est pas gai pour le voyageur !

Après tout, quoi d'étonnant ? L'État a peut-être emprunté cette armée d'employés à toutes les carrières. Il a créé un réseau et un personnel. C'est donc au petit bonheur qu'il a dû recruter ce personnel. La recommandation des députés dont les départements connaissent, grâce à l'État, les « bienfaits de la civilisation », a dû suffire pour le plus grand nombre.

Voyageurs, voyageurs, allez de Paris à La Rochelle par la ligne de l'État, et vous direz ensuite que je parle d'or.

Mais nous voici déjà avec une collection des types, des hommes et des choses qu'on trouve réunis sur le quai du départ.

Vous êtes casé, je suis casé, nous sommes casés. Le train siffle, et part en poussant des rugissements de monstre.

Voyons maintenant ce qu'offre de drôlatique la vie en chemin de fer, quand on roule sur les rails.

CHAPITRE III

EN WAGON

Les portières sont fermées, et bien fermées cette fois ; le sifflet du chef de train exécute un trille brillant ; le sifflet du mécanicien lui répond sur un ton plus grave ; le train s'ébranle, nous voilà partis.

Chacun commence d'abord par prendre ses aises, s'il en a la faculté.

Quand on est seul.

Quand on est seul, on n'a rien de plus pressé que de se lever, ce qui est une fausse jouissance, car souvent on est fatigué, on a mal dormi, on s'est réveillé trop tôt. Mais n'importe. L'homme qui a pu quitter Paris en restant seul dans un compartiment de première classe, serait malheureux s'il ne se levait pas tout d'abord. Il affirme ainsi sa liberté complète, que n'entravent aucuns gêneurs. Il se lève, il se promène, il ouvre une fenêtre, il en ferme une autre, il regarde ses huit places et se dit :

— C'est à moi tout ça. Et pour cinq ou six heures, car personne ne montera en route !

Il jette à la dérobée un coup d'œil de pitié dans le compartiment voisin, quand le wagon qui le transporte est muni de ces triangles de verre, adoptés par les compagnies pour rassurer les gens qui redoutent toujours un assassinat, un vol ou quelque drame analogue. Il les voit, ses malheureux voisins, qui souffrent le martyre, car ils sont plusieurs.

Et lui, il est seul, seul, seul !

Pour un peu il danserait de joie; mais soyez sûr qu'il chante. Tout au moins il chantonne.

Puis, il tire une cigarette, l'allume, la fume, se rassoit, prend ses affaires, les arrime à sa pausette, ouvre un journal, le jette sur un des nombreux coussins dont il a la libre disposition pendant quelques heures, et finalement allonge ses jambes sur deux banquettes contiguës, après avoir relevé l'appuie-bras. Dans cette posture que rien ne peut déranger, il s'endort du sommeil du juste et fait un voyage ravissant.

Quand on est deux.

... Et qu'on ne se connaît pas, le premier moment à passer est assez dur. Chacun dit de l'autre *in petto* :

— Quel raseur! IL ne pouvait pas monter plus loin? Il faut qu'IL vienne m'embêter ici! Je serais si bien tout seul!

Et puis, il faut bien le dire, l'humanité est si parfaitement couarde, que la situation à deux paraît souvent pleine de dangers imaginaires. On regarde généralement son partenaire comme une sorte de Jud possible. Des éclairs jaillissent de quatre-z-yeux, surtout si c'est la nuit, surtout s'il y a des tunnels à franchir. On peut dire que c'est là une situation de chiens de faïence. On s'observe, on se méfie.

— Ce gaillard-là va peut-être me voler, se dit l'un.

— Il est sans doute monté, sachant qui je suis, pour m'assassiner? se dit l'autre. De la part de qui pourrait-il bien venir?

— Me voici dans la situation du préfet Barrême. Attention à moi! Et je n'ai pas d'armes...

— Il a une vilaine tête, ce doit être pas grand' chose de bon...

Et ce monologue en partie double se poursuit pendant un quart d'heure. Mais le moindre incident coupe court à cette suspicion réciproque. On cause, car les gens timides causent beaucoup plus que les autres en chemin de fer, et on s'aperçoit au bout d'un nouveau quart d'heure qu'on a des amis communs, un tel, un tel et un tel. On cause d'affaires, on est une paire d'amis. Et quelquefois, ces rencontres sont la source de liaisons durables.

La situation à deux peut seule amener ce résultat. Car dès qu'on est trois, il n'y a plus de rapprochement possible.

Quand on est deux (page 87)

Quand on est trois

C'est comme au bois de Bagneux.

Quand on est trois, les instincts mauvais se développent. On commence par prendre pour soi deux cases en laissant les deux autres voyageurs se débrouiller sur la banquette d'en face. Comme il faut toujours que sur les trois compagnons de route, il y en ait un qui soit seul de son côté, cette inégalité dans la possession des coussins crée un antagonisme fâcheux. Il y a toujours alliance secrète entre les deux moins favorisés contre le triomphateur, qui les regarde du haut de sa grandeur. C'est surtout la nuit, quand l'heure de dormir est venue, que la jalousie mord au cœur les deux hommes. Ils se gênent mutuellement ; l'un empêche l'autre de s'allonger, tandis qu'il s'allonge, LUI, et qu'il les regarde en dessous.

Quand on est quatre

On est moins vexé, parce que chacun est réduit à la portion congrue.

L'égoïsme humain éclate là dans toute sa hideur. Pas de jaloux, chacun a son coin. C'est un mince avantage, mais encore est-il apprécié la nuit. On peut se coucher en chien de fusil ; quatre personnes dans un compartiment pour faire de longs trajets de nuit devrait être une règle pour les compagnies.

La tête des quatre voyageurs se modifie cependant aux arrêts, car il peut monter quelqu'un en route, et alors, où se mettra le cinquième? Qui lui cédera la place? Nous avons déjà décrit ce pas difficile.

Quand on est cinq et plus.

A cinq, la gêne commence. On est deux par ci, un par là. Si le cinquième n'est pas gros, cela va encore.

A six, cela devient une vexation.

A sept, l'énervement est à son comble.

A huit, c'est la caque au hareng. Chacun est serré, pressé, tassé. Aussi chacun grogne, se tourne et se retourne, lance au voisin des regards effroyables.

Faire à huit dans un même compartiment le voyage de Paris à Bruxelles, voilà ce que je ne vous souhaite pas.

L'opinion que chacun des huit voyageurs a sur les sept autres n'est pas flatteuse, cela va de soi. Aussi le compartiment bondé est-il une véritable cage aux lions. Pour un peu, on se mordrait.

La fenêtre appartient-elle à quelqu'un ?

C'est un problème perpétuel dont la solution n'a jamais été fournie juridiquement. On n'a pas encore plaidé là-dessus.

La fenêtre d'un compartiment appartient-elle à l'un des voyageurs qui sont le plus près de la portière? Du moins, le droit d'ouvrir cette fenêtre ou de la fermer, suivant les saisons, est-il un droit exclusif que confère l'occupation de l'un des bienheureux coins?

Nombre de voyageurs sans gêne se l'imaginent. Nous tracerons plus loin leurs silhouettes. Ils sont dans l'erreur.

Parce que vous avez un coin et que vous commandez la portière, il ne s'ensuit pas que cette portière soit uniquement à vous, que vous ayez le droit de faire entrer l'air trop froid ou de conserver l'air trop chaud à votre seule fantaisie.

Les deux fenêtres opposées d'un compartiment sont à l'ensemble des voyageurs. Il ne faut les ouvrir ou les fermer que du consentement oral ou tacite des autres personnes présentes, et le monsieur qui vient vous fermer la glace sous le nez quand vous la tenez ouverte, parce que votre tempérament se plaît aux froidures, vous donne une leçon de politesse que vous auriez pu vous éviter.

Je sais bien que dans la pratique on ne peut pas interpeller à chaque instant ses compagnons de route et faire voter sur des questions de fenêtre comme à la Chambre des députés, par main levée. J'imagine difficilement des scrutins dans le genre de ceux-ci :

— Qui est-ce qui veut que les deux fenêtres soient ouvertes?

— Qui est-ce qui veut qu'elles soient fermées?

— Qui est-ce qui veut qu'on ouvre celle de droite?

— Qui est-ce qui veut qu'on ouvre celle de gauche?

Non, ce serait comique et impraticable. Mais il y a un moyen bien simple de faire les choses correctement. Il suffit d'être bien élevé, de regarder autour de soi la binette de ses compagnons de route, d'estimer la hauteur thermométrique au dehors comme au dedans du compartiment et, toutes ces précautions prises, d'agir en conséquence.

Si vous vous êtes trompé et qu'une voix polie vous demande de faire tout le contraire de ce que vous avez imaginé, inclinez-vous sans murmurer et privez-vous d'une satisfaction qui peut nuire à votre voisin. Il y a tant de gens que le courant d'air rend malades ! Tant d'autres que l'air vif indispose ! Tant d'autres que le manque d'air étouffe ! Comment, au milieu de tant de prédispositions contradictoires, pourriez-vous espérer un voyage à vos souhaits ?

Conclusion : la fenêtre est à tout le monde. Si vous la détenez par droit de conquête, ne l'ouvrez pas inconsidérément, ne la fermez pas à la légère. Soyez diplomate. C'est le meilleur moyen de voyager agréablement.

Un jour d'hiver, j'allais à Rouen. Il neigeait, il faisait un froid de Laponie. A Vernon, un individu monte dans le compartiment bien clos où je me trouvais seul, et se met en devoir d'ouvrir la fenêtre près de laquelle il s'était assis.

J'étais blotti dans mon coin favori, en arrière à droite, et l'intrus s'était assis dans le coin opposé. Il allait donc en avant. Je crus sincèrement qu'il avait couru, ce qui l'avait mis en transpiration, et que, pendant une minute, il voulait se rafraîchir, imprudence fâcheuse d'ailleurs et de tout temps condamnée par la Faculté.

Pas du tout.

Mon gaillard se couvre de fourrures, laisse la fenêtre ouverte et hume avec délices la bise glaciale ainsi que la neige qui entrait à gros flocons dans le compartiment.

J'hésitai, je l'avoue, à me jeter sur la fenêtre et à la fermer. C'était au lendemain de l'affaire Barrême. Le train roulait à toute vitesse, nous étions seuls. Si ce singulier personnage allait se méprendre sur mon geste irrité et croire que j'en voulais à sa peau, je risquais la mienne, ou tout au moins je provoquais l'exhibition d'un revolver, ce qui n'est jamais folâtre.

Je pris un autre parti, que je recommande aux voyageurs quand ils se trouveront dans mon cas.

— Après tout, me dis-je en aparté, deux fenêtres ouvertes l'une en face de l'autre ne me gèleront pas plus qu'une seule, moi qui vais en arrière. Tandis que lui, qui va en avant..., ça lui sera désagréable. Ouvrons tout. Il ne pourra plus y tenir dans cinq minutes.

Et aussitôt je fais tomber avec fracas ma glace dans la portière. Ce qu'il faisait froid là-dedans, avec le vent, avec la neige, avec le courant d'air de l'express, je vous le laisse à penser.

L'homme me lança un coup d'œil, puis un autre; je le vis grimacer; évidemment le courant d'air le gênait. A ce moment une pensée triste me vint :

— S'il change de coin, me dis-je, et s'il a l'idée de se mettre à rouler en arrière, mon plan devient absurde ; il n'aura pas plus froid que moi-même.

Heureusement le personnage n'alla pas jusque-là. D'un mouvement brusque, il referma sa glace. En une seconde, je refermais la mienne et je reprenais mon somme. Le monsieur avait compris. Jusqu'à destination il se tint coi et me parut même assez penaud.

Rêveries d'été.

Vous voilà donc parti !

Si c'est l'été, si vous n'êtes flanqué que par deux ou trois voisins, si vous avez un joli coin, que la fenêtre soit ouverte et que ce soit le matin, vous éprouvez là, pendant une demi-heure, avant de lorgner les têtes de vos compagnons et de réfléchir sur leur situation sociale, une jouissance infinie.

Quand on est huit (page 91).

Bercé par le mouvement du train, sur les ressorts bien suspendus d'un bon wagon, vous filez à toute vitesse à travers les paysages ensoleillés et verdoyants. Votre œil perçoit successivement les bois, les rivières, les pâtres, les vaches et les moutons.

Les villages et les villes, les prés et les vallées, tout cela défile sous vos yeux avec une rapidité fantastique. Un grondement rythmé, des coups méthodiques forment alors dans votre oreille, avec le gazouillement des oiseaux, une sorte de musique, très bizarre et très spéciale, maintes fois entendue, qui aide votre esprit à quitter la terre et à s'isoler dans les pays bleus du rêve.

Comme il fait grand soleil, que le ciel est azuré et que l'été bat son plein, vous ne songez qu'à de jolies choses. Vos voisins vont aux bains de mer, aux Pyrénées, dans les Vosges, vous aussi ; il y a de la joie dans l'atmosphère respirée par tout le monde qui s'en va prendre du repos, un congé, des vacances...

Rien n'est doux à l'esprit comme le voyage en chemin de fer par les matins d'été. C'est un galop philosophique pris à travers l'espace par la folle du logis.

Que de charmantes méditations j'ai savourées

ainsi, en chemin de fer, à travers les feuilles et la rosée, par les belles matinées d'été! Il me semblait que les panaches de vapeur blanche échappés de la locomotive sortaient des naseaux d'un hippogriffe et que je filais dans l'espace, rapide comme l'étoile, entraîné par la force de quelque comète.

Ah! les badauds qui regrettent la diligence, comme il faut les plaindre de n'entendre rien aux jouissances de la vie en chemin de fer!

Pensées d'hiver.

Si vous partez par une après-midi de plein hiver, quand le temps est gris, quand toutes les cheminées de Paris fument, que le brouillard descend sur la campagne ou que le manteau de neige la recouvre de toutes parts, oh! c'est différent.

Les pensées les plus tristes viennent alors vous assaillir. C'est encore une joie que de penser tristement, pour ceux qui aiment à penser toujours, mais, pour les autres, rien n'est moins récréatif. Vous voyez cette neige, qui s'étend, qui s'étend autour de vous.

La machine qui vous traîne semble glisser à travers les steppes de la Sibérie. Si vous mettez le nez à la portière, vous apercevez derrière le train ces deux voies d'acier, ces quatre rails qui s'alignent, noirs sur le tapis blanc, comme de monstrueuses pattes d'araignée. Votre glace est vite refermée ; vous vous engoncez dans un coin et vous rêvez à de sombres choses : aux pauvres gens qui ont froid et faim, aux pauvres hères qui travaillent à la dure, à ceux qui parcourent à pied cette voie ferrée, où vous êtes si rapidement entraîné, pour avoir droit à un petit salaire sur la fin de la journée, à ces cantonniers, à ces aiguilleurs, qui vous mettent dans le droit chemin, qui préservent nuit et jour votre vie et celle de vos semblables moyennant 125 francs par mois.

L'aiguilleur.

L'excellent Nadaud, l'auteur des *Deux Gendarmes* et de cent autres pièces réussies, fit un jour (il y a de cela vingt ans, je crois) une chanson qui s'appelait : *l'Aiguilleur*. Je la vois encore chez mon père, sur le piano, avec son image en frontispice. Cela commençait ainsi ; je ne l'oublierai jamais :

Celui qui règle les années
  Des frêles humains,
Celui qui tient nos destinées
  Entre ses deux mains,
Ce n'est plus Minos ni la Parque,
Ce n'est plus le fier Potentat,
Le médecin ni le soldat...
Un autre Dieu conduit la barque !

  Aiguilleur, garde à toi !
  — A travers l'espace
    Voici le convoi
      Qui passe !...

Il faut avoir un regard de remerciement pour ces humbles qui ne s'enivrent pas, qui ne jouent pas, qui ne flirtent pas, qui n'oublient pas, et qui sont toujours là, fidèles au poste, la main sur la redoutable aiguille, l'oreille tendue, l'œil fixé sur le disque ou sur le cadran électrique, au bord des rails ou dans le palais des aiguilles imaginé par l'ingénieur Saxby...

On dit volontiers : Ils sont payés pour cela. D'accord. Mais la faiblesse humaine ! Mais l'entraînement ! Mais la nature ! Une case du cerveau oblitérée, et voilà tout un train par terre, cinquante morts, deux cents blessés ! Honneur au devoir modestement accompli ! Salut à l'aiguilleur !

Remarquez la maisonnette haut perchée que

Saxby a construite pour enfermer les aiguilles aux approches des gares. Là, au moins, les engins et les hommes sont à l'abri. Un appareil des plus ingénieux contrôle les opérations nuit et jour. La sécurité paraît plus complète. Mais toutes les aiguilles ne peuvent pas être enfermées ainsi. Il en reste des milliers en plein air, qui sont manœuvrées sous la pluie, sous la grêle, au milieu des orages, dans le brouillard ou dans la nuit. Je ne franchis jamais une aiguille sans remercier, in petto, le modeste aiguilleur.

Le garde-barrière et son épouse.

Braves gens encore que ces époux-là! Vous voyez l'homme debout à la barrière du passage à niveau, le chapeau ciré sur la tête, le drapeau rouge à la main. S'il est absent, s'il est occupé à quelque autre ouvrage, sa femme le remplace. Elle ôte son bonnet, le pose sur sa commode en noyer, décroche le chapeau ciré et se le campe sur la tête. C'est le même compte pour le mécanicien. Si le drapeau est roulé, peu lui importe le sexe de l'être qui le tient droit devant lui. Homme ou femme, pourvu qu'il ait le chapeau ciré sur l'occiput et que le drapeau soit roulé, on passe à toute vapeur.

Si le drapeau est développé, arrêt subit. Si c'est un drapeau vert, ralentissement. Fichu métier encore que celui du garde-barrière! Ce n'est pas dans ces petites baraques qu'on devient millionnaire. Mais on gagne honnêtement une retraite infinitésimale. Cela suffit à des milliers de braves gens. Le devoir n'est donc pas un vain mot.

La symphonie des signaux.

Les signaux de la voie sont plus impressionnants la nuit que le jour. Leurs disques rouges ou blancs, verts ou jaunes, frappent à peine l'œil du voyageur tant que le soleil luit. Mais lorsque la nuit est venue, lorsqu'il semble que la machine s'avance à l'aveuglette au milieu de dangers continus, on ouvre l'œil, on regarde avec curiosité leurs feux multicolores.

Arrivez de nuit à Mâcon, à Tours, dans les grandes gares où les lignes les plus divergentes s'entrecroisent et se réunissent, vous aurez une vision magnifique de lanternes rouges, vertes, blanches, jaunes, bleues et violettes. C'est une symphonie de vers luisants qui vous délectera si vous vous penchez à la portière. Et cela remue, ce qui est plus coquet. Il y a des métamorphoses, des changements à vue. On dirait un théâtre obscur où des feux follets dansent une ronde.

La vie en chemin de fer offre de ces spectacles que peu d'hommes ont décrits, et que chaque voyageur contemple machinalement, sans se demander pourquoi ni comment ils l'impressionnent.

Le frein Westinghouse.

A peine avez-vous franchi quelques centaines de mètres en wagon, que vous entendez un frôlement énorme, strident. C'est le mécanicien qui vous arrête court, devant un disque.

L'appareil qui produit ce bruit singulier et cet arrêt parfois brutal est le frein Westinghouse. Il a modifié radicalement la vie en chemin de fer depuis une dizaine d'années. Avant son apparition, vous en souvient-il, on arrêtait les trains en serrant des freins multiples, qui s'appliquaient aux roues de certains wagons seulement. Des serre-freins, logés dans une série de guérites, vissaient ou dévissaient une manivelle pour appliquer le frein ou le desserrer. C'était dangereux au possible, mais on n'avait rien imaginé pour remplacer ces freins rudimentaires.

Un ingénieur américain, nommé Westinghouse, imagina un jour de relier ensemble toutes les roues des wagons qui composent un même train, et de leur donner, à l'aide de l'air comprimé, une impulsion commune. Un appareil compresseur s'adaptait à la machine, en recevait une quantité de vapeur nécessaire à son fonctionnement, et devenait le modérateur intelligent de la marche du train.

L'apparente complication des tuyaux en caoutchouc qui doivent relier entre eux tous les wagons d'un même train, et qu'il faut amorcer, dévisser, revisser à chaque formation ou dislocation effraya sans doute les compagnies françaises, car elles n'appliquèrent pas le Westinghouse pendant de longues années.

Seule, la compagnie de l'Ouest en munit tous ses trains vers 1878, et fit bien. Pour ne pas l'avoir eu en 1881, la compagnie P.-L.-M. reçut l'horrible choc de Charenton. Cette catastrophe seule fit de Westinghouse un homme nécessaire. C'est ainsi en France. On lui demanda ses prix, et toutes les Compagnies de notre pays transformèrent leur matériel en deux ans, sous la pression de l'opinion publique.

Il est certain que le frein Westinghouse a diminué considérablement les chances d'accident. Avec lui, plus de trains emportés comme des chevaux débridés. Le mécanicien tient son train dans sa main droite, et quelle que soit la vitesse à laquelle il marche, il peut s'arrêter net, en moins de 60 mètres. On a perfectionné le Westinghouse. Les uns l'ont simplifié, les autres l'ont compliqué. Ce qu'il y a de certain, c'est que le nom de cet Américain doit être inscrit sur le tableau d'honneur des chemins de fer à côté de ceux de Papin, de Stephenson, de Séguin et de Henri Giffard.

L'inconvénient du Westinghouse est bien inattendu. Il s'explique aisément quand on connaît par le menu le fonctionnement du frein. Cet inconvénient est dans les qualités mêmes de l'appareil.

Quand il fonctionne bien, l'appareil arrête le train à la volonté du mécanicien.

Quand il fonctionne mal, il l'arrête contre la volonté du mécanicien.

Dans les deux cas, il n'y a que du retard à craindre. C'est peu de chose en comparaison de l'écrabouillement.

De cet inconvénient viennent des arrêts, quelquefois longs, au départ d'une gare, ou en rase campagne, après un coup de frein un peu violent. Un tuyau s'est crevé, et par la fissure du caoutchouc l'air comprimé perd sa valeur normale et son énergie.

Quand le train s'arrête, les deux petits cylindres qui servent à comprimer l'air restent toujours en action sur le flanc de la locomotive. C'est à leur fonctionnement non interrompu qu'on doit le tuf-tuf, parfois énervant, qui scande les minutes d'arrêt passées dans les gares, en résonnant sous les toitures vitrées.

Costumes d'été.

Il y a des gens qui croient qu'on ne peut décemment voyager avec les habits qu'on a, et qui aimeraient mieux se couper la gorge que de partir pour Trouville ou Dieppe sans avoir fait acquisition d'un complet pointillé, d'un cache-poussière jaune serin, d'une paire d'escarpins et d'un toquet havane. Ce sont des élégants ultra, qui ne voyagent qu'une fois l'été, pour aller aux bains de mer, et une fois l'hiver, pour aller à Nice.

L'été comme l'hiver, leur tenue est pure. Un tailleur leur a composé le complet pointillé pour le voyage, rien que pour le voyage. Tout autre emploi dudit complet serait sacrilège. Aussi, voyez-les à vos côtés dans le wagon. Ils sont raides comme la justice; ils sont gênés dans leurs habits neufs, dans le cache-poussière serin et le toquet havane. Mais qu'importe? Le chic veut qu'il y ait une tenue d'été pour aller à la mer. Ils l'ont, la tenue d'été, — et une bonne balle avec.

Voyagez donc avec les habits que vous avez. Choisissez les plus fatigués dans votre garde-robe et riez sous cape de la tenue des Copurchics.

La tenue d'hiver.

Ces messieurs ont pour l'hiver un attirail beaucoup plus compliqué, cela s'explique. D'abord le trajet de Paris aux bords riants de la Méditerranée est beaucoup plus long que celui de Paris à la Manche.

Il y a une nuit à passer. Et enfin, le déplacement hivernal est plus chic que le déplacement estival. Affaire d'argent et de loisir.

La tenue d'hiver se compose d'une délicieuse fourrure de 700 ou 800 francs, que ces messieurs endossent avec conviction avant de quitter leur appartement, d'une toque en fourrure, de bottines

La tenue d'hiver (page 108).

ornées de fourrures et de couvertures doublées de fourrures. On n'irait pas autrement au pôle nord.

Vêtus de ces riches habits, chaussés de ces riches bottines, couverts de ces riches couvertures, coiffés de ces riches toques, nos copurchics s'enferment dans le wagon et y crèvent de chaleur pendant toute une nuit. Qu'importe? Il y a une tenue d'hiver pour le chemin de fer. Ils l'ont; ils sont heureux. Le nombre de ces cokneys a cependant diminué depuis l'extension donnée aux wagons-lits, que nous retrouverons plus loin.

Tenue de nuit.

Si vous devez passer la nuit en chemin de fer, munissez-vous, avant toute chose, d'une bonne valise contenant un nécessaire de toilette, et n'oubliez jamais d'y mettre une paire de chaussons bien chauds.

Tout est là. Une nuit de chemin de fer passée avec des chaussons chauds aux pieds est une nuit de repos, même si l'on ne peut se coucher qu'à demi, « rapport à la présence subséquente d'un tas d'individus. »

Déboutonnez toujours votre col de chemise.

Tenue de nuft (page 110)

Couvrez-vous surtout les jambes, et vous reposerez. La tenue de nuit se complète par une coiffure chaude et commode, à votre fantaisie.

Hors de ces préceptes point de sommeil. Les bottines maintenues aux pieds, c'est la fatigue du voyage triplée sans raison.

Quand vous ôterez vos chaussures pour insérer vos pieds dans les pantoufles, ne faites pas ce manège en tapinois, comme un homme qui cherche à dissimuler ses pieds. Montrez franchement que vos chaussettes sont propres, ce sera plus rassurant pour les voisins.

En effet, le doute peut les rendre injustes à votre égard, — et désagréables par la suite.

Les oreillers.

Il n'y a pas bien longtemps qu'un original eut l'idée de louer au public des oreillers pour la durée d'une nuit. C'est au P.-L.-M. qu'il fit ses premières offres de service ; et chose digne de remarque on ne le traita pas comme un aliéné. On autorisa les *essais*, pour parler le style administratif. Des essais d'oreillers !

Les voyageurs virent bientôt, sur le quai de la gare de Marseille et à Perrache et au boulevard

Diderot, des grooms tenant une longue baguette, sur laquelle une douzaine d'oreillers étaient enfilés. La blancheur immaculée des taies, la parfaite propreté de ce nouvel accessoire donnèrent aussitôt des envies. Le prix était modique : vingt sous ! On en loua beaucoup, et l'industrie des oreillers est dès maintenant passée dans les mœurs. La compagnie de l'Est en eût bientôt. Chaque compagnie en aura, comme l'Est et le P.-L.-M.

Au début, on fit aux novateurs de l'oreiller une objection qui se fait souvent en France, où l'on se défie toujours du client.

— Mais, leur dit-on, si les voyageurs emportent les oreillers chez eux au lieu de les laisser dans le filet !

O candeur administrative. Voyez-vous M. Prudhomme quittant le rapide à Marseille et emportant sous son bras, en guise de souvenir — l'oreiller sur lequel il a reposé sa tête ?

Ça se verrait trop !

Chapitre des coiffures.

La diversité des tempéraments se trahit-elle par la forme des coiffures que l'homme arbore en chemin de fer ? J'ai envie de le croire. Mais ce serait une analyse bien subtile que celle-là.

S'il est presque toujours certain que l'homme à casquette de poil est un marchand de bestiaux, rien ne me fait supposer que le voyageur orné de la casquette à ponts exerce une profession inavouable. Je me bornerai donc à énumérer, comme autrefois Homère, la toque en drap, la scotch cape, ou casquette écossaise à petits rubans flottants, le béret à pompon, le béret basque, le béret marin, la casquette à oreillères, le feutre tyrolien, le bonnet de police, le bonnet d'astrakan, le turban de soie ou foulard, le toquet de velours, le chapeau en drap à double visière, la casquette d'aveugle (femme), la casquette américaine, le bonnet de laine, la chechia, le tarbouch, et enfin, *horresco referens*, le bonnet de coton! Je l'ai vu un jour, de mes yeux vu. Il était bleu!...

Toutes ces coiffures, plus baroques les unes que les autres, dansent la sarabande devant vos yeux, même quand vous les fermez pour dormir. C'est si cocasse, ce chaos de toques et de casquettes! Les hommes ont de si drôles de têtes sous ces accessoires dont la manie de leurs femmes ou leur propre manie les a délibérément affublés!

Un bon conseil: Adoptez le béret, basque ou

Chapitre des coiffures (page 113).

marin. Le premier est plus large que le second. L'avantage de cette coiffure est qu'elle se plie à tous les mouvements de la tête ; et lorsque vous voulez dormir sans voiler la lumière du compartiment, vous n'avez qu'à tirer sur un côté du béret pour avoir un véritable abat-jour.

Chapitre des pantoufles.

Ceci est plus délicat. Il n'est pas d'homme, ni de femme qui n'ôte en chemin de fer son chapeau pour le remplacer par une calotte. Voir ci-dessus le musée des couvre-chefs. Tandis que tout le monde ne se déchausse pas. Vrai, ce serait trop horrible.

Le monsieur pratique, qui arbore la paire de chaussures fourrées, exhibe ses deux sauveurs avec une fierté légitime.

La dame qui fait un long trajet et qui n'a pas froid aux yeux laisse voir une jambe fine et un soulier délacé.

Le monsieur élégant qui s'assoupit en face d'elle laisse passer sous sa couverture de voyage deux pieds auxquels tiennent à peine des sandales de gymnaste.

La dame un peu forte, qui a défait ses botti-

Chapitre des pantoufles (page 116).

nes, ne redoute pas l'œil indiscret que vous jetez sur ses babouches turques. O ma sultane !

Enfin, on voit souvent d'un côté du compartiment, la jeune fille souffrir par décence dans une paire de bottines qu'elle allonge sur un coussin, tandis qu'un chasseur intrépide, Nemrod impitoyable qui revient de courir les perdrix, dépose ses deux guêtres crottées, déboutonnées, sur le coussin opposé.

La vie en chemin de fer, comme ailleurs, est faite de contrastes.

Les buffets.

— Épernay, vingt-sept minutes d'arrêt ! Buffet !...

Grave question, très grave question que celle du buffet. C'est la moitié de la vie en chemin de fer, et ce n'en est pas, hélas, la plus belle moitié. Ne trouvez-vous pas que les buffetiers ont l'air d'avoir fait une gageure, pour offrir au voyageur toujours et toujours le même rosbif et le même poulet froid ?

Je ne parle pas des tranches qui se débitent sur le marbre du comptoir et qu'on enveloppe dans une feuille de papier blanc. Il est clair qu'on ne peut emporter que certaines victuailles lorsqu'on a la manie de manger en wagon, avec la fourchette du père Adam.

Je parle des tables de marbre et de bois, recouvertes ou non de nappes, et sur lesquelles on sert au voyageur des déjeuners et des dîners à prix fixe. Il y a certains buffets de France où il est impossible de s'arrêter souvent. Quand on y a déjeuné trois fois de suite, on est pris d'un dégoût profond. Dès qu'on entre dans la salle où la prétendue table d'hôte commence à se remplir de convives pressés, on est douloureusement surpris par la vue du rosbif aux pommes purée et du poulet froid, qui sont comme les deux mets cabalistiques de cet antre démoniaque.

Par contre, il y a de bons buffets en France. A l'étranger on ne sait pas encore ce que c'est. En Allemagne, en Angleterre, en Italie, vous ne trouvez jamais le temps de déjeuner en route. Il n'y a que les Compagnies françaises qui offrent ce raffinement à leurs voyageurs. Quel train de vitesse en France, n'a pas ses vingt-cinq minutes d'arrêt, au minimum, pour permettre aux gens de prendre substantiellement et proprement leur nourriture? On ne trouve trace de ce sybaritisme dans aucun autre pays. Vous pouvez traverser l'Allemagne et l'Italie en chemin de fer, jamais vous ne trouverez une demi-heure ni même un quart d'heure pour manger à l'aise, assis sur une bonne chaise, devant une assiette propre. Honneur aux compagnies françaises qui ont le respect de l'estomac !

Non que cet estomac n'ait beaucoup à souffrir des préparations de leurs buffetiers. Mais l'arrêt un peu long fait plaisir. On se dit : Je vais passer une demi-heure à table ; c'est plus qu'il n'en faut pour faire un bon repas. Et le voyageur qui sait voyager, s'assoit à la table d'hôte (par ici, messieurs, la table d'hôte, par ici !), regarde l'horloge avec soin et prend ensuite son repas méthodiquement, comme il ferait chez lui. Tout homme qui sait vivre, sait déjeuner en vingt-cinq minutes.

Avouez que lorsqu'on passe la journée en chemin de fer, il est doux de descendre sur un quai et de pénétrer dans une salle à manger bien confortable, entre deux haies de garçons qui s'égosillent pour vous exciter à la consommation :

— Par ici, messieurs, par ici, la table d'hôte !

Il y a de bons buffets en France, oui, mais ils ne sont pas nombreux, et il faut les connaître. Celui de Dijon est célèbre ; mais les rapides du P.-L.-M. lui ont enlevé une grande partie de sa clientèle en déplaçant les heures des repas. Tonnerre et Avignon ont hérité de cette clientèle. Tonnerre est passable; Avignon souvent remarquable. On y sert une certaine purée de marrons en crème qui ne se fait pas ailleurs. Morcenx est aussi très justement célèbre; viennent ensuite Épernay, Les Aubrais et Nancy. C'est à peu près tout. Le reste ne vaut pas l'honneur d'être nommé. Au contraire.

La belle invention que celle des wagons-restaurants! Quand nous délivreront-ils des buffets médiocres et même des meilleurs? Car enfin, le dîner en trente minutes d'arrêt est déjà une chose d'autrefois.

Dîner en roulant et en regardant défiler le paysage, voilà une chose d'aujourd'hui.

Si le vrai voyageur, si celui qui sait voyager, peut déjeuner en vingt-cinq minutes et absorber les trois ou quatre plats du buffet, sans se presser, que d'hommes et de femmes ne savent pas employer le délai qu'on leur laisse pour se réconforter!

Et alors quelle comédie, déplorable surtout au point de vue de l'estomac! Que de cris inutiles! Que d'emportements! Que de réclamations absurdes! Que de gasconnades! C'est un tableau risible.

Une Dame. — Garçon! Garçon!

Le Garçon. — Voilà, madame, voilà. Voulez-déjeuner à la table d'hôte? Ce sera vite servi. 3 francs par tête.

La Dame. — Non, ici, sur un petite table. C'est mieux.

Le Garçon. — Comme vous voudrez, madame, que désirez-vous? Rosbif? Poulet? Jambon?

La Dame. — Voyons, Gustave (Gustave c'est le mari), dis ton goût. C'est toujours toi qui commande...

Gustave. — Moi? ça m'est égal. S'il y avait du canard aux navets?

Le Garçon. — Oh! non, monsieur, nous n'en avons pas.

Gustave. — Ou seulement du veau marengo...

Le Garçon. — Non plus.

Gustave. — Je le sais bien, parbleu... (Pourquoi le demande-t-il, alors?)

La Dame. — Eh bien, prenons du rosbif?

Gustave. — Toujours du rosbif.

Les mioches (qui n'ont encore rien dit). — Oh! papa, est-ce qu'il n'y aurait pas des œufs avec une saucisse?

Gustave. — Vous êtes fous. On n'a pas le temps.

Le Garçon. — Pressez-vous, monsieur. Il n'y a plus que dix-huit minutes.

La Dame. — Voyons, Gustave, décide-toi. Le temps passe. Voilà cinq minutes de perdues.

Gustave. — Ah! est-ce que je sais, moi? Commande toi-même.

La Dame, impatientée. — Eh bien! garçon, deux rosbifs.

Le garçon part comme une flèche, en se disant qu'il n'y avait pas besoin de perdre tant de minutes précieuses pour accoucher de cette commande-là. Et il a raison, au fond, le garçon!

Notez que ces braves gens croient faire des économies en s'isolant de la table d'hôte. Ne les imitez pas. Allez toujours déjeuner ou dîner à la table d'hôte. C'est le plus simple et le meilleur. Un déjeuner à la table d'hôte du buffet d'Épernay, un dîner à celle du buffet de Dijon, sont deux fins repas comme on n'en trouve pas toujours dans les meilleurs coins de Paris, la seule ville du monde où l'on mange proprement.

Le buffet idéal.

Et maintenant, voulez-vous que je vous dise? Le buffet idéal est encore à fonder. Je voudrais voir s'installer dans une grande gare quelqu'une de ces fortes cuisinières qui se retirent avec des économies à quarante ans, et ne savent plus que faire de leurs dix doigts.

Là, on ne servirait pas au voyageur des potages à la Lucullus, ni des carpes à la Chambord, ni des menus de cinq plats, ni des menus de quatre, mais une bonne soupe à l'oseille ou un bon potage gras sortant du pot-au-feu, un large navarin aux pommes, un solide ragoût copieusement dressé et soigneusement mijoté.

Un bon plat de famille! Et avec ça un légume, du bon vin de Médoc, voilà qui vaudrait quatre francs comme autre chose et qui restaurerait singulièrement les estomacs des voyageurs!

Mais, hélas! c'est un idéal que je suis bien sûr de ne pas voir se réaliser!

Cuisinière de mon cœur, où es-tu?

W.-C.

Association répugnante des idées, que viens-tu faire ici?

Et pourtant... Dès que vous avez fini au buffet, c'est aux cabinets que vous vous transportez. Il n'y a pas à dire mon bel ami. La nature parle là comme ailleurs. Il faut y passer, et c'est une autre question grave de la vie en chemin de fer que celle des cabinets.

Les hommes en souffrent souvent. Mais les femmes, c'est bien pis encore! Depuis quelques années, certaines Compagnies ont créé des compartiments W.-C. qui font partie des trains express, et dans lesquels on vous enferme entre deux stations. Pourquoi toutes les compagnies n'ont-elles pas adopté cette sage mesure?

Que d'accidents physiques, que de maladies déterminées chez les femmes par un voyage en chemin de fer au cours duquel elles n'ont pu... vous m'entendez bien? pendant deux longues heures!

C'est pourquoi l'avenir est aux wagons énormes à quarante places, avec fumoirs et cabinets. La compagnie des wagons-lits en a construit récemment d'admirables. Mais ce sont des wagons *de luxe*, où l'on n'entre qu'en payant de forts suppléments. L'avenir des chemins de fer est dans l'hôtel roulant où toutes les commodités se trouveront réunies, et nous verrons, il faut l'espérer, avant vingt ans cette transformation radicale du matériel s'opérer dans toute la France.

N'est-elle pas horrible, cette dégringolade d'hommes, de femmes et d'enfants, affublés de façons cocasses, qui se ruent sur les cabinets dès que le train s'arrête deux minutes? Et quand les gares n'en ont qu'à une extrémité, comme c'est commode si votre train s'arrête juste à l'extrémité opposée! Il y a là une course folle dont le spectacle est écœurant.

— Dépêchez-vous! Vous n'avez que le temps!

— Oh! monsieur, je vous en prie, dites que l'on ne parte pas sans moi! Je suis un peu longue... (textuel).

— Maman, maman, je n'ai pas fini!

...— Vite, Héloïse, le train siffle!

— Mon Dieu! mon Dieu! je ne serai jamais prête!

Horrible, vous dis-je, horrible, ce chapitre de la vie en chemin de fer!

Et dans tous les pays du monde c'est le même tableau. Il n'y a que les écriteaux indicateurs des *endroits* qui changent. Ainsi, en France, nous avons : Cabinets, Lieux d'aisance. En Angleterre, ils ont les fameux W. C., chef-d'œuvre de concision pudique. En Allemagne, c'est Abtritt; en Italie, Cessi; en Espagne, Retrette, etc.

La lecture des éternelles pancartes qui séparent les hommes des femmes (*proh pudor!*)

n'est pas moins instructive au point de vue de la linguistique :

Hommes, dames, en France ;

Gentlemen, ladies, en Angleterre ;

Manner, Frauen, ou Herren, Damen, en Allemagne ;

Uomini, donne, ou signori, signore, en Italie ; caballeros et senoras, en Espagne, etc.

Pour peu qu'on voyage beaucoup en Europe, on retient aisément ces deux mots dans toutes les langues, mais ce n'est pas assez pour soutenir une conversation.

La grosse bête

Si vous avez fini toutes vos petites affaires et qu'il vous reste encore deux ou trois minutes avant le départ du train, que faites-vous ? Si fumeur, vous allumez une cigarette. Si pas fumeur, vous n'allumez rien. Dans les deux cas, vous marchez un peu et c'est toujours vers la machine que vous dirigez vos pas.

Arrivé là, devant cette grosse bête au repos, qui tout à l'heure va vous emporter de nouveau en poussant des beuglements terribles, vous êtes saisi d'une admiration qui, pour être sans cesse renouvelée, n'en est pas moins considérable.

Vous regardez les pistons, les bielles, les tiroirs, le filet de vapeur qui s'échappe de la chaudière, les roues massives, les robinets de cuivre sur lesquels des gouttelettes reluisent, et vos yeux s'arrêtent enfin sur la figure moricaude du mécanicien, qui se croise les bras en sifflotant en attendant qu'on parte.

Son chauffeur circule pendant ce temps-là sur les flancs de la bête, une burette d'huile à la main. Voilà le tableau que vous allez contempler vingt fois, cent fois, sans vous en lasser et toujours murmurant à part vous, — quelquefois sans vous en douter :

— Dire que c'est cette masse qui va nous emmener à raison de vingt lieues à l'heure, dans trois minutes... Et c'est cet homme crasseux, huileux qui nous conduit... Il faut tout de même qu'il connaisse son affaire... Car c'est compliqué cette machine. On n'y comprend rien... C'est effrayant... Et s'il devenait fou tout d'un coup ! Ça ne s'est jamais vu, mais sur la quantité ça peut arriver. Voit-on ça ?... Un mécanicien comme celui-ci, devenant fou, jetant son chauffeur sur la voie et brûlant à toute vapeur les stations où il doit s'arrêter, brûlant les signaux, brûlant les aiguilles, tout... Quelle catastrophe...

Mais sans aller si loin... à cinq minutes d'ici, cette machine peut éclater, tamponner, dérailler, nous tuer tous... Brrr... Rien que d'y penser, ça donne la chair de poule.

— En voiture, messieurs, en voiture ! crie le conducteur qui ferme déjà les portières. Vous voilà arraché à vos réflexions ; vous quittez la locomotive lentement, en jetant un dernier regard de confiance sur ce brave homme de mécanicien, qui, tout comme l'aiguilleur, a bien aussi sa part dans la distribution des vies humaines.

Les mécaniciens sont familiarisés avec cet examen inconscient du voyageur. Quand vous les regardez ainsi, eux et leur grosse bête, ils savent bien à quoi vous pensez, n'en doutez pas. Ça ne les rend pas plus fiers ; néanmoins ils sont flattés.

Les braves gens !

Le daltonisme des mécaniciens

On n'a jamais vu un mécanicien devenir fou subitement, mais il y aurait, soit dit en passant, un vilain pas à franchir, si le mécanicien qui conduit votre train était daltonien, c'est-à-dire atteint de cette infirmité qui consiste à ne pas voir les couleurs telles qu'elles sont, infirmité que le médecin anglais Dalton a le premier reconnue et qu'on appelle aussi du nom barbare de dyschromatopsie.

On a beaucoup écrit là-dessus à la suite d'incidents et d'accidents causés par des hommes pleins de courage, d'exactitude et de prudence, mais dont l'œil voyait blanc ce qui était rouge.

Les compagnies de chemins de fer, dans le monde entier, se sont préoccupées, comme on pense, d'un tel vice rédhibitoire, et aujourd'hui nul mécanicien, nul chauffeur, nul employé de quelque catégorie que ce soit, n'entre dans les chemins de fer sans avoir passé un examen très sévère de la vue.

Le mécanicien Grisel.

Puisque nous parlons des mécaniciens, ces artisans si précieux du voyage en chemin de fer, rappelons en passant la fête politique qui fut organisée en faveur de l'un d'eux, à Paris, le 10 mai 1882.

Ce mécanicien, dont la vie irréprochable avait été récompensée par la croix de la Légion d'honneur s'appelait Grisel.

Né en 1813, à Lille, Grisel était entré comme

mécanicien au Paris-Lyon-Méditerranée dès le début des chemins de fer, et s'y était distingué des maçons, charpentiers, et... déménageurs qui composèrent le personnel primitif de la traction à vapeur. On n'avait dans ce temps-là, pour conduire les locomotives, que des gens qui étaient censés n'avoir peur ni de l'explosion ni des déraillements.

Il quittait le P.-L.-M. en 1853 pour suivre son ingénieur aux chemins de fer de l'Est. Il passait en 1856, au service momentané du Grand-Central et rentrait à l'Est en 1858.

Mis en traitement de réforme pour raison de santé le 1er août 1871, il avait sa retraite définitive le 1er juin 1875 et était décoré, après des propositions de longue date, par le ministre Raynal, le 1er janvier 1882.

Les raisons pour lesquelles on avait plus d'une fois proposé le nom de Grisel à la Chancellerie de la Légion d'honneur étaient nombreuses. C'était un ouvrier modèle, sachant économiser admirablement son huile, son combustible et son parcours. C'était un maître conducteur de machines. Mais un fait avait appelé l'attention sur lui en 1857, pendant qu'il était détaché pour faire l'ouverture du Grand-Central.

Le 23 novembre 1857, il avait à conduire un train de voyageurs de Clermont à Brioude. En arrivant à Vic-le-Comte, il entend l'Allier qui roulait avec un bruit extraordinaire. Il faisait nuit noire, il pleuvait à torrents, et comme il connaissait le pont de Vic, qu'on devait traverser, il était sûr qu'il ne résisterait pas à l'inondation qui venait de commencer. La gare de Vic-le-Comte est proche de la rivière. Au moment où le chef de gare donna le signal, Grisel refusa de mettre la machine en marche.

Le chef de gare s'emporta, insista pour que le train partît. Grisel refusa d'avancer tant qu'on n'aurait pas vérifié le pont, sur la solidité duquel il avait depuis longtemps des doutes.

Et comme pour donner raison à cette obstination singulièrement perspicace, au moment où le chef de gare télégraphiait à Clermont pour exposer l'incident, au moment où les voyageurs descendaient effarés du train en détresse, le pont était emporté par les eaux avec un bruit formidable, et chacun remerciait le mécanicien d'avoir assuré par ce refus de service le salut de tous.

Les voyageurs étaient au nombre de cent vingt-cinq. Pas un n'eût échappé à la mort. Etait-ce une chance, que celle-là?

Assurément, si le pont avait résisté, contrairement à l'opinion de Grisel, le mécanicien eût été destitué le lendemain.

A quoi tiennent les destinées..... dans les compagnies ?

Par suite de quelles combinaisons Gambetta s'engagea-t-il comme un simple aiguilleur à s'asseoir au banquet Grisel ? Durant le court passage du grand ministère aux affaires, Gambetta s'était dit qu'en décorant Grisel, il réparerait une injustice, en même temps qu'il s'attirerait peut-être les sympathies des autres mécaniciens. Et il fut affectueux pour Grisel. Et sur son ordre, M. Raynal décora Grisel. Et le 10 mai 1882, Gambetta fut au banquet donné en l'honneur de Grisel.

La manifestation eut lieu à l'Elysée-Montmartre.

Le banquet offert par souscription au mécanicien Grisel comptait deux mille couverts. On avait mis des tables dans la salle de bal, dans le jardin, sur les balcons du pourtour intérieur, partout. A la table d'honneur se trouvait Victor Hugo, ayant à sa droite Grisel, et à sa gauche M. Raynal, puis Gambetta.

L'ordre le plus parfait ne cessa de régner,

comme on dit toujours, pendant la première partie de cette fête de famille. On était venu à la salle du festin en corps, musique en tête ; on avait été parqué par compagnies, les employés de l'Ouest d'un côté, ceux de l'Est plus loin ; ici ceux du Paris-Lyon-Méditerranée, là ceux du Nord, du Midi, de l'Orléans.

Deux cent cinquante députés et sénateurs occupaient une table spéciale. La plus grande partie des conseillers municipaux de Paris était assise à une table voisine. A une autre table, la presse, les délégués des quatre grandes compagnies anglaises, arrivés de Londres le matin même.

Grisel avait l'habit noir, s'il vous plaît, et sur son habit le ruban rouge discret des hommes du monde qui font partie de la Légion d'honneur. Peut-être eût-on mieux aimé voir ce mécanicien avec l'étoile des braves sur la poitrine?

Il est certain, en tous cas, que ce fut le plus beau jour de sa vie. Car si des messieurs cravatés de blanc vinrent offrir à Victor Hugo un énorme bouquet de roses, les deux mille banqueteurs acclamèrent vingt fois Grisel. La corporation des mécaniciens de Paris lui offrit un petit navire fort bien ouvragé, et le chef des musiques, placé sur une estrade élevée, au-dessus de la table d'honneur, lui fit descendre une pancarte derrière la tête, pancarte sur laquelle on lisait : *Hommage à Grisel, allegro militaire.*

L'audition de ce morceau inédit transporta d'enthousiasme les mécaniciens, aiguilleurs, facteurs, expéditionnaires, receveurs, et autres employés de chemins de fer qui banquetaient, sans oublier les députés, sénateurs et journalistes, qui redemandèrent à grands cris l'incroyable allegro.

Il faut dire qu'au début du morceau, assez guilleret, tous les musiciens retenaient leur souffle, et qu'au milieu d'un silence profond, on entendit le bruit d'une clochette de station (*drelin, drelin, drelin, les voyageurs en voiture!*), puis le sifflement aigu du conducteur du train (*prrrrrrltt*), puis l'échappement de la vapeur sous le timbre de la locomotive (*flou, flou*), enfin le battement saccadé, progressif des pistons (*pouf, pouf, pouf*).

C'était évidemment l'épisode principal de la vie de Grisel, le providentiel refus de service en avant du pont vermoulu de Vic-le-Comte que le maestro improvisateur avait voulu peindre.

Victor Hugo tira de sa poche un papier et lut un petit discours qui pouvait se résumer en ces mots : Grisel, c'est le Devoir. Dans ces dix lignes qu'on entendit peu, car la voix du grand vieillard était un peu affaiblie, il rappela le refus de service en question, les conséquences qu'il pouvait avoir pour son auteur, et il le glorifia comme il savait glorifier, même en prose. J'observerai seulement que si Grisel avait franchi le pont, le soir en question, et qu'il se fût noyé, il eût également fait son devoir.

Un tonnerre d'applaudissements suivit ce petit speech, auquel Grisel répondit par des paroles bien senties, et ma foi surprenantes dans la bouche d'un ouvrier. Il dit comment il avait fait son devoir, et il demanda aux députés et sénateurs présents de soutenir la corporation dans la lutte qu'elle engageait contre les compagnies.

La fête finit, non par des chansons, mais par des pugilats politiques, complétant un combat oratoire entre les gambettistes et leurs adversaires. Si j'ai rappelé ce banquet, c'est qu'il marque une date.

Tout ce que je demande aux mécaniciens, que l'apothéose de Grisel pourrait griser, c'est de ne l'imiter jamais, maintenant, pour se faire décorer de la Légion d'honneur. Le refus d'obéissance de Grisel fut heureux le 23 novembre 1857. Ce fut là un hasard comme on n'en voit pas deux dans un siècle.

Je n'ai besoin de personne, monsieur (page 139)

Anatomie de la grosse bête.

Il serait oiseux de faire ici une description de la locomotive ; mais je suis sûr de répondre aux préoccupations dont nous parlions tout à l'heure en rappelant que les organes essentiels de la grosse bête sont : la vapeur, découverte par Denis Papin, la chaudière horizontale imaginée par Stephenson, les tubes qui la surchauffent en la traversant, imaginés par Marc Séguin, la pompe d'alimentation continue inventée, par Henri Giffard, et le frein continu de Westinghouse.

Doit-on offrir la main aux dames qui descendent de wagon?

C'est bien peu galant de répondre : Non !
Et pourtant !
Je m'explique :
Laissons de côté les galantins et les imbéciles (c'est le même lot), qui, se trouvant avec une femme en wagon, se dépêchent de descendre à l'arrivée du train, pour lui tendre la patte, presser sa menotte gantée d'une façon inconvenante, et lancer à la malheureuse un

regard en coulisse. Occupons-nous des voyageurs sérieux, convenables, pas même galants, mais simplement serviables, qui se croient obligés d'offrir leur main à une dame lorsque celle-ci descend de leur compartiment.

Que cherchent les voyageurs ci-dessus désignés ? A éviter une chute, à débarrasser la dame du souci de ses paquets toujours nombreux, à l'aider enfin dans une descente qui n'est pas sans danger quand on a des robes, des jupes, des bottines à hauts talons et tout l'attirail d'une fille d'Ève en voyage. C'est un acte de charité que tentent le voyageurs serviables du sexe masculin.

Comment leur répond-on le plus souvent? Je n'ose le dire, par égard pour le sexe opposé.

Tantôt c'est une pimbêche :

— Je n'ai besoin de personne, monsieur.

Tantôt c'est une coquette :

— Merci beaucoup, monsieur ; je descendrai bien toute seule.

Ou bien c'est une jeune fille sèche :

— Non, monsieur!

Ou bien c'est une grand'mère, également sèche :

— Je ne suis pas si vieille, monsieur!

Dans les quatre cas, que je cite entre cent,

voulez-vous me dire quelle tête fait le monsieur serviable ?

C'est-à-dire qu'il est irrité, vexé, mortifié, et qu'il s'en va en disant :

— Elles ne m'y reprendront pas de sitôt !

Et en effet, le nombre des messieurs obligeants en chemin de fer diminue de jour en jour. La faute en est aux dames, qui veulent afficher trop souvent leur indépendance par des actes. J'avoue que lorsqu'un jour une jeune femme élégante et j'en suis certain très honnête, mais entourée de cinq enfants, m'a envoyé asseoir, comme on dit vulgairement, avec mon bras arrondi en demi-cercle et ma main tendue vers ses progénitures, j'ai été froissé. Il y a longtemps de cela. Je me promis de ne plus offrir mes services aux jeunes femmes, puisqu'elles étaient toujours prêtes à croire que c'était pour le mauvais motif. Je tentai l'expérience sur une vieille douairière qui toussait, chevrotait, et me répondit textuellement ce que j'ai dit plus haut, et sur un ton !

— Eh ! monsieur, je ne suis pas si vieille !

Aussi, maintenant, je laisse les femmes, avec ou sans paquets, vieilles ou jeunes, se débrouiller toutes seules. Elles sont trop lunatiques. On ne sait jamais si elles ne vont pas vous envoyer un coup de patte au lieu de prendre la vôtre. C'est exaspérant. Que les dames montent et descendent par leurs propres moyens, puisque ça les ennuie qu'on les aide. Chacun pour soi et Dieu pour tous !

J'ai toujours observé sur les lignes de tramways des faits analogues. Un monsieur bien assis à l'intérieur voit une femme qui est obligée de rester debout sur la plate-forme :

Il lui offre sa place avec un salut parfaitement correct. A quoi la dame répond qu'elle aime mieux prendre l'air. Je n'y vois pas d'inconvénients, mais cela ne peut que nous engager à nous abstenir.

O femme, être inconstant !

Quand je vois un monsieur descendre d'un train et offrir son abatis à quelque compagne de voyage, laide ou jolie, je regarde toujours la scène avec curiosité. Et six fois sur dix j'assiste à la réplique de Marguerite dans le second acte de *Faust*.

Mais ce n'est pas Marguerite qui descend du train, c'est Sophie.

Théorie sur l'ouverture des portières.

Avez-vous remarqué que rarement, en France, les hommes d'équipe qui sont de planton sur le quai d'arrivée vous ouvrent les portières ?

Cette indifférence pour le bétail intelligent et réclamateur tient-elle à l'indifférence des compagnies ? Est-ce une niche que des bureaucrates grincheux ont préméditée contre les voyageurs ? *Nescio*. Toujours est-il que ni à la gare Saint-Lazare, ni à la gare Montparnasse, ni à la gare de Lyon, ni à la gare d'Orléans, ni à la gare de l'Est, ni à la gare du Nord, ni à celle de Vincennes, ni à celle de Sceaux nous ne verrez les hommes d'équipe se précipiter sur les portières et les ouvrir d'office, afin d'éviter au voyageur l'ennui de cette opération salissante.

Suivez-moi bien dans ma description et dites si ce n'est pas la vérité pure :

Le train arrive en gare, de jour ou de nuit, peu importe. Il fait broôm, broôm sur les plaques tournantes, il s'arrête lentement, enfin il s'arrête. Cinq hommes agiles et surveillés suffiraient pour ouvrir en deux secondes les portières du train. Or, il y en a dix, il y en a quinze des hommes, habillés de la blouse bleue, ceinturonnés de rouge et de noir, mais ils ne sont ni agiles ni surveillés. Ils regardent avec un nonchaloir exaspérant le wagon s'immobiliser sous le toit de la gare, les plus laborieux cherchent à découvrir sur les filets des valises, des gros paquets pour offrir le concours de leur biceps et ramasser un pourboire en portant les colis jusqu'à la station de voitures, mais ce n'est pas seulement pour remplir cet office aléatoire qu'ils sont là, je suppose ! Ils sont là, — le bon sens l'indique, — pour tourner tous les loquets et toutes les poignées des portières, dès que le train est arrêté. C'est agaçant de voir dix ou douze gaillards se croiser les bras quand vous êtes obligé, vous voyageur, de baisser la glace, de vous pencher en dehors, de tourner la poignée et de pousser la porte avant de pouvoir descendre.

En Allemagne, pour ne citer que ce pays pratique, le voyageur n'a jamais à s'occuper ni de son billet, ni de sa portière de sortie. A peine le train a-t-il stoppé que toutes les portières sont ouvertes par les employés. On n'a qu'à sortir du wagon. C'est une prévenance qui coûterait d'autant moins cher à nos compagnies que le personnel *ad hoc* est là, sur le trottoirs de gares.

Mais il ne fiche rien; il regarde, il goguenarde, au grand ahurissement des étrangers qui ne sont jamais venus en France.

Et si vous appelez un de ces gaillards en lui faisant signe d'ouvrir votre portière, il ronchonne, il s'avance en riant bêtement.

C'est que si vous n'avez pas un gros bagage dans le filet, il ne flaire pas le pourboire, l'éternel pourboire, et alors il se dit : — A quoi bon ?

Il oublie qu'il est payé par la compagnie pour faire ce service, contre l'insuffisance duquel on ne cesse de réclamer.

Quant aux Français, c'est bien fait pour eux... Notre peuple est le plus moutonnier de la terre et le plus aisé à conduire. Il suffit d'être quelque chose dans une administration pour lui en imposer. Il réclame parfois, mais si bénévolement qu'on aurait bien tort de se gêner pour lui faire plaisir.

Croisez-vous donc les bras, hommes d'équipe de toutes les compagnies! cette besogne d'ouvreurs de portières vous répugne. Je comprends ça. Mais alors, pourquoi donc êtes-vous entrés dans la carrière ?

Pourquoi vos chefs ne vous surveillent-ils pas plus étroitement ? Voilà surtout ce qu'il faudrait demander.

Le musée des valises.

Regardez autour de vous dans le compartiment, vous y trouverez des types curieux de primates bimanes, comme dit Littré en parlant de son semblable.

Regardez au-dessus de la tête de vos semblables, dans le filet, vous y verrez des types aussi curieux, parfois étranges, de valises, de mallettes, de sacs de nuit. C'est un véritable musée qu'on pourrait créer avec tous ces échantillons de valises imaginés par les ingénieux emballeurs et autres négociants en articles de voyage.

Depuis la valise bon marché rentoilée en jaune citron, avec ses petits clous en cuivre, jusqu'au sac de voyage garni de nécessaires en métal anglais et en cristal, tout se porte, tout voyage et tout circule.

Il y a le sac de nuit en tapisserie, qui marque une époque antérieure à la nôtre; le sac de voyage en cuir noir, tout usé, tout râpé, qui a servi au père et au grand-père du voyageur. Il y a la petite valise carrée en bois recouvert de cuir noir, imitation de cuir de Russie, avec clous nickelés, courroies élégantes et initiales sur l'un des côtés du rectangle.

Il y a le beau sac-nécessaire, qui engloutirait un trousseau entier, mais qui est bien lourd avec toutes ses fioles, puis le sac en peau de ceci, en cuir de cela. Les folies commencent à la valise en maroquin de 500 francs.

Et aux flancs de ces colis, ballottés depuis tant d'années sur terre et sur mer, que d'étiquettes, que de réclames pour les hôtels où le voyageur a eu l'honneur de passer les nuits. On a beau gratter, mouiller, regratter, il en est qui sont indélébiles.

Je trouve toujours amusant (il faut bien se distraire en chemin de fer) de lire ces étiquettes multicolores : *Hôtel de France à Rennes; hôtel de l'Europe à Turin; hôtel Continental à Tanger; hôtel des Quatre-Saisons à Munich.* Autant d'étiquettes, autant d'aveux. Le voyageur porte écrit sur sa valise le récit sommaire de ses pérégrinations...

Sur les malles, c'est pis encore, parce que là, les hôteliers ont de la surface devant leur pinceau. Ils peuvent coller et s'en coller, de la publicité multicolore ! Les dimensions des étiquettes-réclames augmentant toujours, vous voyez aujourd'hui des malles qui en sont toutes peinturlurées.

Il y aurait peut-être mieux à faire : concéder

moyennant finance à des puffistes, les parois extérieures de ses propres colis.

Moyennant tant, qu'on lui donnerait, le voyageur promènerait partout l'annonce agréablement peinte des *Cent Mille Casquettes* ou du *Mauvais Génie*. Ce serait comme les rideaux-annonces ou les hommes sandwiches.

Il y a là peut-être une idée à creuser, une formule à trouver pour la MALLE DE L'AVENIR !

Le monsieur qui voyage avec un permis.

La physionomie du voyageur en chemin de fer se renfrogne généralement quand il voit son voisin exhiber au contrôleur, au lieu d'un billet pris au guichet ou d'un coupon de voyage circulaire, un *permis* de circulation.

Pour deux raisons :

1° Ça l'embête de payer cinquante ou cent francs pour aller d'un point à un autre, alors que ce particulier effectue le même trajet sans bourse délier. Il y a dans la physionomie du voyageur payant de la mauvaise humeur, mais aussi de la jalousie.

2° Il se demande si ce voisin heureux n'est pas un fonctionnaire de la compagnie ou si c'est un simple journaliste. Dans les deux hypothèses, il ne peut en attendre rien de bon, et alors il se méfie. Il devient froid. Il a tort. Le permis de circulation est délivré (en première classe), aux employés supérieurs des compagnies qui font un voyage de service ou d'agrément, et il est bien juste que les employés d'une société de chemin de fer aient la facilité de se déplacer gratis. Il est délivré en outre, sur la demande des directeurs de journaux, à un nombre restreint de personnes, qui appartiennent à la presse ou à l'administration des grands organes de la presse.

Est-ce à dire pour cela que tous les porteurs de permis soient des employés supérieurs des chemins de fer ou des journalistes? Hélas! non. La complaisance coupable de certains directeurs de journaux a fait du permis de circulation un objet de convoitise trop facile à saisir.

Un tas de gens qui ne sont ni journalistes ni même capables de l'être papillonnent autour des directeurs débonnaires et leur soutirent des *passes*, comme ils disent, pour aller aux bains de mer, dans les stations d'eaux ou à la roulette de Monte-Carlo. Le rêve de ces écumeurs de la presse est de voyager gratis, avec une *passe*, à laquelle ils n'ont aucun droit, mais dont l'exhibition les pose, à ce qu'ils croient, aux yeux des autres voyageurs.

N'oubliez pas que généralement ces gens-là sont riches, ou simplement aisés, et que le prix de leur place en chemin de fer ne constitue pour eux qu'une faible dépense. N'importe, il en est des *passes* de chemins de fer à Paris comme des billets de théâtre gratuits. Tout le monde veut en avoir. On fait le siège des directeurs de journaux, on les ennuie, on les embête jusqu'à ce qu'ils lâchent la bienheureuse lettre dont la formule est unique :

> Monsieur le secrétaire général
> de la compagnie des chemins de fer du...
>
> Je vous serais très obligé si vous vouliez bien mettre à la disposition de notre collaborateur M. X... un permis de circulation aller et retour pour...
>
> Veuillez agréer, monsieur le secrétaire général, avec mes remerciements, l'assurance de ma considération très distinguée.
>
> Z..
> Directeur du journal *Le* ...

Pourquoi les directeurs accordent-ils cette lettre, ce *Sésame ouvre-toi* qui contient un mensonge, car le futur titulaire du futur permis n'est généralement qu'un fumiste, ayant de lointains rapports avec la littérature, voire avec l'orthographe ? C'est là un mystère facile à expliquer. Souvent il s'agit d'un vieil ami, d'un actionnaire influent, — parfois hélas, d'un fournisseur.

Et de cette complaisance coupable, que la perspicacité des secrétaires de compagnies ne manque pas de flairer, sont nés des conflits interminables, que le public ne connaît pas, mais qui brouilleront un jour, et une fois pour toutes, la presse avec les compagnies de chemins de fer.

Une vieille querelle.

C'est une vieille querelle, dont je ne dirai que quelques mots en passant.

Les compagnies ont tort lorsqu'elles appellent *permis de faveur* ces tickets gratuits demandés par les journalistes. C'est en somme de la monnaie, une monnaie fiduciaire comme une autre, avec laquelle elles indemnisent les journaux de toutes sortes de complaisances et en particulier des annonces insérées gratuitement par ceux-ci depuis le 1er janvier jusqu'à la saint Sylvestre.

S'agit-il de trains de plaisir, de trains express nouveaux, de changements d'heures, d'ouvertures de lignes, de modifications au service, de voyages circulaires, etc., etc.? Les compagnies ont tôt fait d'imprimer sur une centaine de morceaux de papier l'annonce, l'avis au public, la réclame qu'elles croient devoir rédiger pour la circonstance et de l'envoyer aux journaux.

Le public ne lirait pas les affiches, ou il faudrait beaucoup trop d'affiches. Un avis dans les feuilles vaut bien mieux. Aussi les cent journaux de Paris sont-ils priés par une lettre de publier « la note ci-jointe. » Ils la publient, mais gratis. Alors que le marchand de nouveautés, le restaurateur ou le dentiste ne viendraient à la caisse du journal que l'argent à la main, les compagnies de chemins de fer ne paient rien. Leurs annonces paraissent gratis. Et au tarif des grands journaux quotidiens, ce serait une vraie facture que celle qui devrait être présentée aux compagnies vers la fin de chaque année.

Elles se libèrent par le permis de circulation.

Là gît le lièvre, c'est-à-dire la difficulté.

— Vous m'en demandez trop, dit la compagnie au journal, et pour des gens qui n'ont aucun titre à faire partie de votre rédaction.

— Vous m'en devriez bien plus, répond le journal, si nous comptions. Et puisque c'est une monnaie particulière, mais enfin une monnaie que vous me donnez, faisons-le une bonne fois, ce compte, et soldez-le ! Peu vous importe à qui je donnerai vos billets !

Il y a des deux côtés une exagération qui ne fait que croître chaque année.

Evidemment la situation est fausse. Ce n'est pas moi qui la redresserai.

Passons à d'autres considérations.

CHAPITRE IV

LES VOISINS ET LES VOISINES
QUE JE VOUS SOUHAITE

Les voisins que le hasard vous enverra sont de deux sortes. Mettons qu'ils forment deux familles : celle des bons et celle des mauvais voisins.

La première — que je vous souhaite d'avoir le plus souvent autour de vous, — est malheureusement la moins nombreuse.

La seconde est légion.

Il en est ainsi dans toutes les phases de la vie, sur notre triste planète. Les bons occupent à peine vingt pour cent de la surface habitable. *Raca* sur les méchants !

Commençons par les bons voisins.

Je vous souhaite d'avoir, soit à votre droite, soit à votre gauche, soit en face de vous :

Le monsieur qui lit.

C'est un très bon voisin. Il est tranquille, silencieux, de mœurs douces. C'est un médecin, ou un écrivain, ou un savant, ou un ingénieur ; un de ces hommes, enfin, dont l'esprit se plaît aux choses de la littérature, de l'art, de la science. Il vit pour apprendre, pour s'instruire. Jusqu'au seuil de la tombe il lira. C'est un homme qui lit en chemin de fer, à table, dans son lit.

Rien ne vaut ce voisin muet, toujours prêt à faire une politesse, à se déranger sans récriminer, pourvu qu'on lui laisse un peu de jour, quand il fait jour, ou la moitié de la lumière qui vacille au plafond du compartiment quand il fait nuit.

Le monsieur qui sommeille.

Je ne dis pas le monsieur qui dort. Il y a une différence. *Distinguo.* Le monsieur qui sommeille est un ange, tandis que le monsieur qui dort est un démon, surtout quand il ronfle à poitrine déboutonnée, ou qu'il gigote.

La somnolence implique une tenue quasi correcte, à peine une légère inclinaison sur le flanc droit, le bras passé dans l'accoudoir imaginé par les constructeurs d'il y a trente ans. Le voyageur qui sommeille ne ronfle pas; il ne s'allonge pas; il n'est pas encombrant; il se fait petit pour qu'on ne l'ennuie pas dans son assoupissement. Il n'a rien du gêneur et généralement il ne va pas loin, sans quoi je pense qu'il dormirait tout à fait... comme les autres.

En ce cas il passerait *ipso facto* au chapitre des voisins que je ne vous souhaite pas.

Le monsieur qui ne fait que sommeiller est, de plus, un homme du monde, sûrement; car il est, paraît-il, du plus mauvais ton de dormir en chemin de fer.

Notez cela sur vos tablettes.

Le voyageur bon enfant.

Rare, très rare. Mais enfin, il existe à quelques milliers d'exemplaires. C'est peu, si l'on songe aux millions de porteurs de tickets qui circulent sur les voies ferrées de France et d'Europe.

Le voyageur bon enfant est épanoui, souriant. Il est un peu gros. C'est son seul défaut, parce qu'étant gros il tient de la place. Mais il rachète cette infirmité par les qualités du cœur. Il sourit à vos enfants, si vous en avez, ou à votre femme, si vous en avez une et qu'elle hésite à ouvrir ou à fermer la fenêtre. Il lui offre son aide, puis son coin ; il vous offre, à vous, ses journaux. Il est tout entier à votre disposition, sans vous connaître.

Il ne met là-dedans aucun esprit dolosif. C'est un bon enfant qui n'aime pas s'ennuyer et qui prend des distractions, si futiles qu'elles soient, partout où il les trouve.

Rendez-lui service pour service. Causez avec lui, car il aime aussi causer. Ce n'est pas tant qu'il soit difficile sur le choix des sujets. La pluie, le beau temps, le paysage. Cela suffit parfaitement à son bonheur. Il ne veut pas s'ennuyer, il ne faut pas qu'il s'ennuie. Aidez-le.

Parfois, le voyageur bon enfant va plus loin que la conversation. Il a tellement en lui le désir d'être utile à ses semblables qu'il vous invitera sans ambages à déjeuner ; si vous résistez, il se fâchera.

S'il descend au meilleur hôtel de la ville où

Le monsieur qui lit (page 154).

vous vous rendez par le même train que lui, il vous y mènera, vous y recommandera.

Et, arrivé là, ne faites pas comme ce monsieur qui, après avoir été piloté de la sorte et le plus bénévolement du monde par un de mes amis, oublia de payer à l'hôtel une note de huit jours et laissa croire à l'aubergiste qu'il était l'invité du voyageur bon enfant, — trop bon enfant!

L'officier de terre et de mer.

L'officier est un bon voisin. Il est doux et rêveur quand il appartient à la marine. Il est affable et causeur quand il appartient à l'armée de terre.

S'il est dans la cavalerie, il est noble, ou quelque chose d'analogue par l'éducation. S'il est dans le génie, dans l'artillerie, il a pour lui la méditation profonde des polytechniciens. S'il est dans l'infanterie, il a le brio du sous-lieutenant qui s'ennuie à Bourges ou bien à Briançon et qui s'épanche volontiers en voyage. Il est toujours maigre, ce qui est excellent, toujours à cause de la place.

L'officier de terre traîne avec lui un sabre enveloppé dans une sorte d'étui en laine verte, qui

L'officier (page 158).

le trahit toujours aux yeux des simples pékins. Il n'a jamais de bagages volumineux dans le filet, ne possédant pas aujourd'hui plus de richesses que le Georges Brown de la *Dame Blanche* n'en avait au temps des légendes.

La jeune femme qui va rejoindre son époux.

Je ne vous souhaite, bien entendu, que les voisins et les voisines dont on peut dire :

— Ah! comme ils sont tranquilles! Comme ils sont peu gênants, peu encombrants!

De ce nombre est la jolie dame qui va rejoindre son époux. Il est parti depuis huit jours, croyant qu'il reviendrait à Paris aussitôt. Mais les affaires exigent qu'il reste là-bas où il est, — à Lyon, à Bordeaux, à Marseille, — et qu'il s'y installe au moins quinze jours. Sa petite femme va l'y rejoindre.

C'est une excellente voisine. Elle se pelotonne dans son coin; et dans sa joie de revoir l'époux désiré, le Mimile chéri, le Jacquot aimé, elle se moque bien de ce qui se dit autour d'elle. Elle lit un livre distraitement, sans lever les yeux; elle ne vit que dans l'attente de cette minute bienheureuse où l'époux sera revu, embrassé, enlacé.

La jeune femme qui va rejoindre son époux (page 160)

Sa physionomie est claire, aimable, douce, silencieuse. S'il n'y avait que des femmes comme celle-là en chemin de fer, ce serait le Paradis roulant !

La dame qui a un chien dans le fourgon.

C'est encore une voisine commode, parce qu'elle souffre en dedans. Pourtant elle est moins inoffensive que la précédente. On sent que son chien, qui glapit dans le fourgon, lui perce le cœur à chaque arrêt du train, et malgré le stoïcisme dont elle se double, on appréhende quelque éclat.

Généralement, tout se termine par de petits soupirs, quelques mots entrecoupés, dits avec effroi, pendant que la *Vie parisienne* tombe de la main gantée :

— Pauvre toutou... Pauvre Puck... Comme il doit souffrir... Il n'y a pas de danger qu'il s'étrangle dans cette boîte, n'est-ce pas, monsieur ?...

A part ces interjections provoquées par une douleur bien explicable, la dame qui a un chien dans le fourgon ne souffle mot. Elle se désintéresse de tout ; elle ne pense qu'à sa bête.

Le monsieur qui sait tout.

Celui-là est bien ennuyeux, c'est vrai, mais comme il est utile! Il sait tout : ce qui se passe, ce qui va se passer, ce qui pourrait se produire. Il n'ignore de rien. Il vous explique pourquoi le train s'arrête en rase campagne, d'où vient qu'un signal est fermé, à quelle heure on attend le 127, le 484 et le 610, qui doivent se croiser avec le 24 *bis* dans lequel vous vous trouvez, vous et lui. On ne sait pas où il apprend tout ça, mais il le sait, et très bien. C'est un *Indicateur* oral, qui répond à toutes les exigences de la situation. Avec lui on n'est jamais inquiet en chemin de fer ; il explique tout avec une simplicité, une douceur et une patience angéliques. C'est là évidemment l'une des joies de son existence : expliquer à ses semblables les phénomènes de la vie en chemin de fer.

Quand vous voyagez avec le monsieur qui sait tout, vous pouvez être tamponné, luxé, contusionné, broyé, tué.

Au moins vous savez pourquoi.

Le Parisien, le Gréco-Latin, le Russe, le Turc.

Le Parisien est généralement un excellent voisin. De tous les Français, il est toujours le plus aimable. C'est celui qui sait le mieux voyager. Je parle du Parisien éduqué, qui court l'Europe pour se distraire, vous m'avez deviné, et non du Parisien grotesquement ignare, qui n'a jamais dépassé Asnières. Il n'encombre pas. Il n'a pas de boîtes ridicules, ni de paquets suspects, ni de linge douteux. Il se tient à sa place, il fume sans empester, il dort sans ronfler. Ce n'est pas à dire pour cela que les autres Français soient de mauvais voisins. Au contraire. La moyenne des voyageurs français est affable et commode à vivre. Mais le Parisien a le pompon, quand il n'est pas trop fat.

Comme voisin facile à vivre, je vous recommande encore le Gréco-Latin, le Grec d'Athènes ou de Syra, l'Italien de grande famille, ou encore l'Espagnol de bonne souche. Ce sont là des gens sociables, qui ne demandent pour eux rien de plus que ce qui est accordé à leur voisin. Le Russe est encore un bon voisin, à la condition que ce soit un Russe de grande famille, élevé dans les bonnes et saines traditions de la politesse française, si chère à l'aristocratie moscovite.

Souhaitez encore d'avoir à côté de vous un Turc. La jeune Turquie, avec ses redingotes noires et ses tarbouchs, est fort policée. Un jeune Égyptien vaut mieux dans un compartiment qu'un Anglais, un Allemand, ou un Yankee.

Souhaitez encore l'homme de l'Orient, le Persan riche à millions qui vient en Europe pour son plaisir. Ces gens sont doux et commodes. Mais arrêtez-vous là. Plus loin, vers le soleil levant, ce serait trop loin. L'Indou pue, le Chinois est désagréable à voir; le Japonais est gentil, mais il y en a si peu !

Souhaitez encore des Danois, des Suédois, des Autrichiens, des Norwégiens, des Hongrois.

Mais redoutez l'Anglais, le Yankee et l'Allemand. Voilà des voisins terribles !

Le monsieur sombre.

Très bon, le monsieur sombre. C'est la perle des voisins de voyage. Il ne dit rien. Vous ne lui dites rien. Il ne vous agace pas de ses questions ; vous n'avez donc rien à lui répondre. C'est double bénéfice. Le monsieur sombre fait avec vous 800 kilomètres sans desserrer les dents. C'est l'idéal. Voilà le vrai, le pur voisinage en chemin de fer.

J'ai fait un jour vingt heures de train-éclair avec un monsieur sombre que j'avais en très haute estime, parce que dans ces vingt heures, il ne m'avait pas adressé une parole, ce que je considère comme le comble de l'urbanité en chemin de fer.

Arrivés à destination, nous descendons tous les deux, sans même nous saluer, comme il convient à deux mammifères qui ont occupé deux places dûment payées, dans un train qui les a par hasard réunis pendant vingt heures. Je me dirige vers la sortie, lorsque tout à coup j'entends une altercation violente. Je me retourne. C'était mon compagnon qui se débattait contre les commissionnaires et les employés de l'octroi. Je m'approche pour entendre le son de sa voix. Il parlait par signes : c'était un sourd-muet.

Ah! tous les vrais voyageurs vous le diront, le bonheur en chemin de fer, c'est d'avoir des voisins, — quand on ne peut pas faire autrement que d'en avoir, — qui soient muets comme des carpes.

Le monsieur sombre (page 165).

L'isolement console de la claustration. C'est la formule pour les gens dont l'esprit est cultivé.

Pour les gens du peuple, au contraire, la conversation est un besoin, et c'est le papotage qui les distrait.

CHAPITRE V

CEUX ET CELLES QUE JE NE VOUS SOUHAITE PAS

Ah! le nombre en est bien plus considérable! Pour un bon voisin, que de mauvais! Que de grincheux! Que de bavards! Que de grossiers personnages! Que de maniaques! Que de raseurs!

Triste humanité!

Tenez, saisissez leurs binettes au passage. Reconnaissez-les! Vous les avez tous vus, un jour ou l'autre.

Le monsieur qui ne se gêne pas.

Le monsieur qui ne se gêne pas est de l'espèce sanguine, généralement, et cela va de soi : Sanguin, sans gêne. Il monte dans un compartiment où il y a une dame, par exemple. Son premier devoir est d'ôter son chapeau, parce qu'il le gêne, de s'essuyer le front et d'ouvrir la glace de la portière. Si on est en décembre, ce n'est pas drôle, mais pour la dame seulement, car pour le monsieur sanguin, c'est extrêmement hygiénique.

Le train part, le froid pique, la dame grelotte et n'ose rien dire de peur d'une rebuffade. D'un homme qui procède ainsi, tout est à craindre. Mais au bout d'une demi-heure, le crâne du monsieur se rafraîchit. Pas assez pour qu'il redoute un rhume, trop pour qu'il offre plus longtemps son crâne à ce courant frisquet.

Aussitôt le monsieur se lève. La dame soupire.

— Enfin ! pense-t-elle intérieurement, il va fermer sa fenêtre.

Pas du tout ! Le monsieur qui ne se gêne pas prend son chapeau dans le filet, l'enfonce méthodiquement sur sa tête et se rasseoit, tout à fait armé contre le petit vent coulis qui continue à venir par la portière fouetter hygiéniquement son tissu facial.

Conseil aux femmes en pareil cas : Changer de compartiment si l'on n'a pas de bagages trop encombrants avec soi. Dans le cas contraire, prendre son courage à deux mains et dire au monsieur, avec un geste affligé :

— Pardon, monsieur, je suis souffrante...

Les hommes savent ce qu'ils ont à faire : se lever et fermer la glace au nez du monsieur qui ne se gêne pas.

Le monsieur qui demande à fumer.

Il est toujours pénible (pour les âmes charitables du moins) de voir son prochain faire fausse route. C'est ce qui arrive pourtant, lorsqu'on assiste aux démarches que fait le monsieur qui demande à fumer.

Entre hommes, cela n'a aucune importance. On supporte, on ne supporte pas l'odeur du tabac. Ceux qui ne la supportent pas sont excessivement rares. Par conséquent, on peut établir en principe que des hommes réunis dans un compartiment, sur une ligne ferrée de réseau français, peuvent presque toujours fumer en s'adressant les petites questions bébêtes.

— Monsieur, la fumée ne vous incommode pas ?...

— Monsieur, vous permettez?...

Mais, dès qu'il y a une femme dans le compartiment, il est absolument incivil de lui demander si le tabac la gêne. C'est ce que ne comprend pas le monsieur qui demande à fumer. Il arrive dans un compartiment où il y a une dame, et il a le toupet, oui le toupet, de demander à cette dame si la fumée lui est désagréable !

Neuf fois sur dix, la voyageuse répondra non pour avoir la paix, de peur que cet intrus ne lui fasse quelque plaisanterie de mauvais goût. Mais le monsieur qui demande à fumer n'y va pas par quatre chemins. S'il est autorisé, il fume, après quoi il ouvre la fenêtre, en plein hiver, pour dissiper la fumée. C'est le comble de l'impolitesse.

Dès qu'une femme est dans un compartiment de chemin de fer, il faut s'abstenir de toute question de ce genre. A moins que cette femme ne soit une Espagnole et qu'elle ne tire de sa poche de superbes panatellas en vous demandant si vous en voulez accepter un. J'ai vu ça une fois, mais c'est l'exception.

Le monsieur qui ne se gêne pas (page 170).

Croyez que jamais les femmes n'aiment la fumée du tabac, même quand elles disent le contraire pour faire plaisir à leurs hommes : maris, pères, fils, frères, etc.

Du reste, la galanterie française a de tout temps interdit de fumer en présence des femmes. Autrefois, on n'eût pas toléré un homme qui eût offert son bras à une femme en mâchonnant un cigare. Aujourd'hui, c'est excusé !

Que la permission de fumer soit plus souvent octroyée à notre époque par les femmes *at home*, dans la salle à manger, dans le salon, cela n'a rien d'inquiétant pour l'avenir d'un peuple. Il ne faut rien exagérer.

Mais il faut sourire lorsqu'en wagon le monsieur demande à fumer devant des dames.

Le monsieur qui déjeune en wagon.

Pouah ! le sale !...

Je l'ai en horreur ! C'est pour moi l'un des êtres les plus désagréables qui traversent la vie en chemin de fer.

Par économie, il a emporté de quoi manger en route, soit un demi-poulet, soit un fragment de jambon enveloppé dans un papier blanc, auquel

Le liseur avec bougie (page 184).

la graisse a donné une huileuse transparence. Il a sa petite bouteille de vin, son verre, son pain de deux sous, son sel dans un cornet de papier, son poivre dans un autre cornet, le tout roulé par précaution dans une serviette qu'il va étaler sur ses genoux.

Attention! c'est l'instant, c'est le moment! Une demi-heure avant l'arrêt qui va vous permettre de déjeuner au buffet, ce voisin désagréable déploie la serviette et sort de leur papier comestibles et ustensiles les uns après les autres. Si vous croyez que votre présence les gêne, détrompez-vous. Il dispose toutes ses petites affaires, il se tourne à demi vers la fenêtre, afin de pouvoir lancer plus commodément ses détritus sur la voie, et le voilà qui mastique, qui lèche, qui pourlèche, qui ronge, qui boit, qui sirote, avec une gravité insupportable. Il ne se doute pas qu'il est vilain à voir.

Parfois, le monsieur qui mange en wagon est porteur d'un nécessaire dinatoire composé d'assiettes, de fourchettes, de timbales, de couteaux, de flacons en or ou en métal blanc. C'est le dernier mot de l'élégance dans l'incivilité. Le déjeuner en wagon n'est plus de notre temps.

On ne doit manger en wagon que lorsqu'on s'y

trouve en famille, à cinq ou six, avec des enfants, une nourrice, un chien, un perroquet, et qu'on use d'un compartiment comme on ferait d'une *roulotte* de saltimbanques. Ce cas est excusable, d'autant plus excusable qu'il n'y a pas moyen de manger autrement, les buffets ne pouvant guère suffire aux petits enfants, qui sont toujours très longs dans leurs opérations de table.

Sur certaines lignes françaises, où le buffet n'a pu encore étendre ses bienfaits, sur celles de l'État par exemple, on trouve un peu partout des paniers, qui coûtent quatre francs et qui contiennent tous les ingrédients ci-dessus désignés. C'est une forme moins repoussante du déjeuner en wagon. Le panier ressemble à une dinette portative ou à ces *violons* qu'on met sur la table des paquebots quand la mer commence à grossir. Mais c'est encore une triste façon de se nourrir en voyage.

J'avoue que je me livre difficilement à cet accès de bestialité, nécessaire mais répugnant, devant d'autres voyageurs.

Affaire d'appréciation, sans doute, mais je crois que bon nombre de personnes seront de mon avis. Se garer autant que possible du monsieur qui avec son jambon et ses saucisses, son

Le monsieur qui déjeûne en wagon (page 174).

poulet ou son rosbif, va empuantir votre compartiment d'une odeur fadasse de boustifaille.

Le monsieur qui parle politique.

Dieu vous garde du monsieur qui parle politique! Ce voisin est un taon. Il s'attache, il se colle à vous. C'est le ministère, c'est la question scolaire, c'est le budget, c'est la Russie, c'est l'Allemagne, c'est l'Angleterre. Un raseur qui ne connaît pas d'obstacles. Vous ne l'avez jamais vu; qu'est-ce que ça lui fait? Sous le premier prétexte venu, il vous fait un discours. Et si vous avez le malheur de ne pas être de son avis, il se lève, il gesticule, il vous effraie par des propos à la Robespierre.

Pourvu que la discussion ne se termine pas par un pugilat dans lequel vous auriez certainement le dessous, c'est la grâce que je vous souhaite.

Le monsieur qui a toujours peur.

Insupportable!

On ne peut pas reculer, changer de marche, ralentir, stopper devant un signal sans que ce diable d'homme mette tout le train en émoi. Et il se penche à la portière ! Et il interpelle les conducteurs ! Et il s'adresse aux voyageurs ! Et il en raconte ! Et il en débite ! Et il croit toujours qu'on va tamponner !

C'est un agité déplorable.

Impossible de dormir ou de méditer, ou de lire, ou de regarder la campagne avec un être pareil à vos côtés ! Il remue sans cesse. Il va, il vient, il s'asseoit, il se lève, il se précipite, il se recroqueville, il se dilate, il s'emporte, il s'abat, il se débat. On croirait un pensionnaire de l'asile Sainte-Anne.

Insupportable, le monsieur qui a toujours peur.

Le voyageur qui a une Compagnie dans le nez.

Son cadet, et son émule, c'est le voyageur qui a une Compagnie dans le nez.

Ou c'est le Nord, ou c'est le P.-L.-M., ou c'est l'Ouest. Peu importe laquelle. Il en a une dans le nez, et cela suffit pour vous créer une foule d'ennuis quand ce grincheux voyage avec vous sur *sa* ligne.

S'il est sur *sa* ligne et que le moindre accroc

s'y produise, il est bientôt à la portière, le corps à demi sorti en dehors, les bras en avant, dans la posture de Guignol attendant le commissaire pour le battre.

Et dès que le commissaire passe, sous la forme d'un employé, qui n'a du reste rien à voir dans l'affaire, le voyageur qui a la Compagnie dans le nez s'écrie, comme s'il prêchait pour être entendu d'un bout à l'autre du train :

— Cette Compagnie! Est-elle assez mal dirigée! Il n'y a que sur ses lignes qu'on voie des affaires pareilles! Ce n'est pas ailleurs qu'on oserait faire au public de semblables avanies! Il faut venir sur le P.-L.-M. (ou sur le Nord, ou sur l'Ouest), pour assister à de pareilles scènes de désordre! Etc., etc.

Quand il a fini, il se rasseoit, comme le dogue lorsqu'il a fortement aboyé contre un chat dans la nuit.

Il jette un coup d'œil circulaire dans le compartiment pour avoir une idée de la sensation qu'il a produite. Et à la prochaine occasion il va recommencer.

Terrible, ce voisin-là, terrible!

Le monsieur qui parle politique (page 178).

Le monsieur qui trouve que tout est bien mieux en Angleterre.

Un cousin des deux précédents.

A propos de bottes, il vous raconte son histoire et le voyage qu'il a fait à Londres, il y a dix ans. Tout est bien mieux en Angleterre!

En Angleterre, les chemins de fer sont des bijoux, tandis qu'en France ce n'est que de la vieille ferraille.

En Angleterre, tous les chefs de gare sont des anges. En France, ce sont des ânes.

En Angleterre, les wagons sont bien plus confortables; il n'y a jamais de retards; il n'y a jamais d'accidents; il n'y a jamais de fausses manœuvres. Enfin, tout ce qu'on fait en Angleterre est bien, et tout ce qu'on fait en France est mal.

Si vous déraillez en compagnie de ce voisin-là, soyez sûr qu'il commencera par vous dire, après s'être tâté les côtes, que pareille aventure ne lui serait pas arrivée en Angleterre.

Ce voyageur anglomane est beaucoup plus curieux à étudier lorsqu'il n'a pas mis les pieds en Angleterre. Il amplifie de confiance ce que lui a raconté un ami qui connaît Londres.

Curieux bonhomme !

Le monsieur qui lit, assis sur l'appuie-bras.

J'ai dit précédemment que les liseurs étaient en général de bons voisins. Mais il y a des exceptions. Ainsi, le liseur qui s'assoit sur l'appuie-bras pour se hisser le plus près possible de la lumière ! Il installe son coccyx à l'endroit où vous devriez appuyer votre cubitus. Et le voilà parti, le *Temps* dans les mains. Il en a pour une heure. Qu'il procède ainsi quand il est seul dans un compartiment, d'accord ; mais quand il y a du monde, c'est impoli !

C'est de plus ennuyeux, gênant, énervant. Ce corps opaque vous plonge à demi dans une obscurité que vous n'avez nullement demandée. Et puis le voisinage de cet être dont vous entendez la respiration à votre oreille, dont les boyaux chantent parfois d'une façon répugnante dans votre tympan est insupportable. Vous avez l'air de son domestique, par-dessus le marché.

Encore un voisin mal élevé, — bien qu'il soit plus élevé.

Le liseur avec bougie.

Par exemple, son compère le liseur avec bougie dépasse toute mesure. Il a tellement peur de ne pas avoir l'entière jouissance de la lumière du plafond, lorsque l'heure du sommeil aura sonné pour les autres, qu'il traîne avec lui tout un attirail de luminaire portatif.

Il a dans sa valise un petit bougeoir muni d'une agrafe. Cette agrafe s'adapte sur le drap de la paroi du wagon, et de cette façon le bougeoir tient, non pas debout, mais comme une applique. Dans le bougeoir notre homme met une bougie (naturellement), et à l'encontre du gars de Falaise, il allume ce maigre flambeau, dont les clartés jaunâtres lui sont renvoyées par une manière d'abat-jour. Et alors, il lit imperturbablement.

De sorte qu'à deux ou trois heures du matin, lorsque vous vous retournez sur vous-même, tout engourdi, pour entamer la seconde partie de votre mauvais somme sur le flanc gauche, après en avoir exécuté la première sur le flanc droit, vous recevez dans l'obscurité du wagon une commotion lumineuse, vous êtes troublé par un éclat, par un rayonnement, par un pinceau. C'est notre liseur qui passe la nuit à sa manière. Cet homme ne dort jamais, et pour tuer le temps, il a imaginé le coup du bougeoir. Très pratique, évidemment, pour lui, mais désagréable pour les voisins quand ils reçoivent la lumière dans un œil.

Et ils la reçoivent toujours dans l'œil qu'ils voudraient fermer !

Le monsieur à la petite chaufferette.

C'est un mari, et il a une femme, — sa femme — qui est assise à côté de lui ou en face de lui dans le compartiment. Au départ de Paris, rien d'anormal ne se manifeste dans les façons d'agir de ce couple qui a généralement dépassé la quarantaine, sans être arrivé à ces âges vénérables où les petites manies sont respectables pour un chacun.

Nous sommes en automne, en octobre, si vous voulez, à cette époque de l'année où les petits froids sont quelquefois en avance sur la Toussaint. Bref, il fait frisquet dehors, et bien que les chaufferettes ne soient pas encore en service, on sent que les beaux jours sont passés, bien passés.

Tout à coup le monsieur fait un geste noble.

On dirait qu'il va prendre un revolver dans la poche de son pardessus. Pas du tout, c'est une petite chaufferette qu'il en extrait, un bijou de chaufferette, en cuivre ou en nickel. On dirait une boîte à musique. Cet instrument, il le destine à son épouse. Il prépare le charbon de Paris qui doit réchauffer les pieds engourdis de sa compagne. Il allume, il souffle sur le combustible et il sert chaud.

Jusqu'ici, rien à dire. Chacun est libre de se réchauffer par des moyens artificiels quand bon lui semble. Mais voici où le mari à la petite chaufferette devient un gêneur.

Le charbon ne prend pas. Ça manque de tirage. Alors il ouvre une fenêtre. C'est déjà désagréable. Mais vous savez qu'il faut un courant d'air pour activer un feu. Il ouvre une seconde fenêtre. Le courant d'air est établi, la cheminée tire, c'est-à-dire la chaufferette, mais vous êtes gelé. Votre désagréable voisin s'en excuse. — « Madame est toujours souffrante. »

Au bout de cinq minutes, alors qu'un froid piquant a envahi le compartiment, le mari se lève, ferme une fenêtre sur deux, et se blottit sous des châles. Le tour est joué. Madame a chaud à ses petits petons, et vous êtes transi. C'est le tirage qui est nécessaire, et dame, vous comprenez, pour avoir du tirage.....

Vous êtes galant, vous ne dites rien, vous pincez une fluxion de poitrine, et on vous enterre au bout de trois semaines pour avoir été poli.

Ce n'est pas de la politesse cela, c'est de la faiblesse. Réagissez contre ces complaisances absurdes. Défendez-vous comme un beau diable contre les envahisseurs des deux sexes. Faites des concessions, soit, mais seulement quelques-unes, et ne risquez jamais votre santé pour faire l'aimable.

L'ami qui est trop heureux de causer une heure avec vous.

C'est surtout aux environs de Paris, dans les trains de banlieue, dans ces trains toujours bondés de voyageurs, qu'on rencontre cet ennuyeux voisin : l'ami qui est trop heureux de causer une heure avec vous.

Votre compartiment est à moitié plein. Vous venez de Triel, je suppose. A Poissy, une tête inquiète apparaît à la portière, c'est notre homme qui cherche à se caser. Il vous aperçoit. Vous voudriez bien qu'il ne vous eût pas aperçu, parce que c'est un ami banal, un de ces soi-disant amis comme il y en a beaucoup trop de par le monde. Mais voilà, il vous a découvert, et il ouvre la portière. Il grimpe, il entre dans le compartiment.

— Ah! cher ami, il y a des siècles qu'on ne vous a vu.

— Oui... J'ai voyagé beaucoup ces temps derniers...

Vous dites cela sans vous déranger, de crainte qu'il ne s'assoie à côté de vous.

— Ah quel plaisir de vous voir! J'ai mille choses à vous dire... reprend aussitôt le diable d'homme.

Il n'a rien du tout à vous dire, il vous connaît à peine, mais il s'asseoit en face de vous, ce qui vous paraît être une prévenance. En effet il vous laisse le coin où vous vous prélassez, et il va gêner un indifférent, qui relève le pan de son habit pour lui faire de la place.

Le train se met en marche. L'ami cause avec volubilité. Il vous parle d'un tas de choses qui ne vous intéressent que médiocrement, mais il se croit lui, très intéressant.

Si bien qu'au bout de dix minutes, fatigué de se pencher en avant pour vous adresser la parole, il vient s'asseoir à côté de vous.

Le monsieur à la petite chaufferette (page 185).

— Nous serons mieux ainsi, s'écrie-t-il en vous privant de vos aises, et en s'enfonçant lourdement dans le coussin dont il vous dérobe la jouissance.

Vous voilà réduit à la portion congrue, et *rasé* pendant une bonne heure par l'ami trop heureux de causer avec vous.

Le monsieur qui ronfle.

La plaie des voyages un peu longs.

Le monsieur qui ronfle est généralement gros et gras. Il se couche de son mieux sur la banquette en face de vous, et fait, comme c'est son droit, un somme de huit ou dix heures sans se réveiller.

Quinze minutes après qu'il est endormi, les grondements commencent. Pour peu qu'il soit fatigué, cela devient terrible. On dirait une cheminée qui s'allume, la trappe abaissée, ou un combat d'artillerie, dans le lointain.

Pendant toute la durée du trajet, pendant la nuit entière on peut ouvrir les portières, lancer les chaufferettes, appeler les stations, le monsieur qui ronfle ne bouge pas. Il n'entend rien. Si ce n'est qu'il ronfle, on pourrait croire qu'il est mort.

Le chasseur et ses guêtres (page 191)

C'est un voisin inerte, mais assourdissant.

Il a un émule, c'est le monsieur qui vient appuyer, en ronflant, sa tête sur votre épaule. C'est un rêveur. Evidemment il rêve, peut-être de houris ; en tous cas, sa tête cherche un appui ; il la laisse retomber doucement sur votre omoplate, et vous, philanthrope, vous ne pouvez vous résoudre à faire un mouvement pour vous dégager.

C'est toujours une position gênante.

Le chasseur et ses guêtres.

Oh! celui-là est trop désagréable! Généralement il occupe le compartiment avant vous, en compagnie d'un ou deux confrères en Saint-Hubert. Il vient de plus loin que vous, aussi trouve-t-il désagréable que vous fassiez votre entrée dans *son* compartiment. Ereinté, cassé, moulu, anéanti par une journée de course aux perdrix dans les labours et dans les luzernes, crotté comme dix barbets, il s'est allongé, les jambes en avant, pour prendre un peu de sommeil. Ses guêtres, ses énormes guêtres, toutes jaunies par la boue séchée, s'étalent complaisamment sur le coussin de draps gris, qu'elles parsèment de mottes de terre omnicolore entremêlée de brins de pailles et d'herbes vertes. C'est là-dessus que vous êtes autorisé à vous asseoir.

Vous croyez qu'il va se déranger, le Nemrod? Ah! bien oui. Pas si bête! Il simule un somme carabiné, une léthargie. Ses compagnons en font autant et il ne vous reste comme ressource que celle de fuir à la hâte, de sauter dans un autre compartiment avant que le train s'ébranle...

Et quand vous êtes assis ailleurs, la vision des bottes, crottées et étendues sur les coussins, vous poursuit encore.

La dame qui bavarde.

Cette aimable personne est-elle assez énervante?

Le plus souvent elle est sèche et entre deux âges. Quelquefois, elle a aussi de l'ampleur. Elle est en somme ou très maigre ou très grasse. Quelle platine! Quelle délicieuse platine! Depuis le moment où elle a mis le pied dans le compartiment, accompagnée d'une sorte de confidente muette, comme dans les pièces classiques, et qui ne la quitte jamais, jusqu'à la minute suprême où elle descendra du train, sa langue fonctionnera, ju-

La dame qui bavarde (page 192).

gera, appréciera, débinera, révélera, insinuera, analysera, inventera mille riens, mille sornettes, qui n'ont pas l'ombre d'intérêt et que vous apprendrez ainsi à votre corps défendant, sans pouvoir vous isoler de cette musique incessante de crécelle.

En trente minutes de chemin de fer vous aurez appris où elle habite, comment son mari s'appelle, quel âge il a, ce qu'il vend, combien elle a d'enfants, dans quelle pension elle les a mis, qui elle voit, qui elle ne voit pas, quand elle reçoit, combien lui coûte son loyer, quels sont ses principes religieux, dans quels magasins elle achète de préférence, ce qu'elle donne à sa cuisinière, comment elle a connu madame T... pourquoi elle s'est brouillée avec Mme Z... quand elle a marié Mlle C... de quoi est mort M. X... ce qu'elle a appris sur les sœurs V... ce qu'on dit des frères K..., comment on portera les chapeaux le mois prochain, pourquoi elle se trouve ce jour-là en chemin de fer, ce qu'elle va faire en arrivant chez elle, ce qu'elle fera demain, à quelle heure son mari va rentrer, ce qu'il doit faire la semaine prochaine, de quelle race est son chien, à quel âge il a eu la maladie... Enfin c'est énervant, étourdissant. On dirait un moulin à paroles, une pie artificielle et à remontoir.

Car, après vous avoir assourdi de ses interminables confidences, la dame qui bavarde va recommencer en omnibus, en bateau à vapeur, n'importe où elle pourra entraîner son énigmatique et silencieuse confidente. Et ma chère ! Si vous saviez, ma chère ! Ne m'en parlez pas, ma chère ! Etc., etc.!

Le monsieur qui rapporte des fromages à sa femme.

Le monstre !

L'affreux monstre !

Il revient de Pont l'Évêque, ou de Livarot, ou du Mont-d'Or, ou de l'Aveyron, pays des odieux Roqueforts ! Et il rapporte à sa femme des fromages du pays. Il a mis cela dans le filet du compartiment, et cela pue, cela empoisonne ! Il y aurait de quoi jeter l'homme et les fromages par la fenêtre. On n'ose pas. La vie en chemin de fer est pleine de lâchetés.

Mais où le monsieur qui rapporte des fromages est bien plus fort, c'est lorsqu'il case méthodiquement ses produits délétères dans le filet d'un compartiment, entre deux valises, sous des couvertures, et qu'il s'en va prendre place dans le compartiment d'à côté, laissant ainsi à ses semblables le plaisir de respirer un arome qui le dégoûte, lui, personnellement.

C'est bien là le comble de l'égoïsme.

Les Parisiennes et leurs bouquets.

Pendant trois mois de l'année, les trains de la banlieue de Paris sont envahis, surtout le dimanche, par les Parisiennes qui ont la manie de la campagne.

Très excusable passion, surtout quand on a séché sur le bitume pendant tout un hiver. Ces femmes, du reste sont généralement charmantes, aimables, élégantes, spirituelles.

Elles n'ont qu'un tort : c'est de rapporter de Viroflay, de Saint-Cloud, de Maisons-Laffite ou d'Enghien des brassées de lilas, de roses, de violettes, d'aubépines, un tas de fleurs suaves, j'en conviens, mais qui font bien mal à la tête, quand il y en a trois ou quatre kilogrammes dans un compartiment.

Défiez-vous des voyageuses qui sont ensevelies sous les fleurs. Une forte migraine est souvent la conséquence de ce gracieux voisinage.

Les parisiennes et leurs bouquets (page 196)

l'as de bouquets autour de vous, si vous voulez être tranquille en chemin de fer.

J'avoue qu'entre les Roqueforts du monsieur ci-dessus et l'aubépine de ces dames, je n'hésiterais pas un seul instant. J'irais tête baissée dans l'aubépine, parce que je ne suis pas nerveux. Mais si j'étais nerveux !...

La dame aux flacons.

C'est une variété de la dame aux fleurs. Vaporeuse, lunatique, elle n'aime rien de ce qui n'est pas son parfum préféré. L'odeur particulière du wagon lui donne des nausées, à la pauvre petite femme ! Aussi ne voyage-t-elle jamais sans avoir dans son sac un attirail de flacons d'éthers, de patchoulis, de jasmins. C'est une véritable pestilence autour d'elle.

Il y a souvent dans son amour des parfums une certaine malignité. Nous avons vu la dame qui pour n'être pas dérangée par des intrus, répandait un flacon d'éther sur le tapis du compartiment. La dame aux flacons se contente de déboucher quelques-unes de ses fioles. L'effet produit est souvent le même. On ne monte pas volontiers dans cette parfumerie. Mais quand on y est, il faut y rester, et ce n'est pas drôle.

La vieille Anglaise.

Horripilante !

Elle a fait trois fois le tour du monde ; elle a tout vu : le Niagara, Jérusalem, les Pyramides d'Egypte, Pékin, Batavia. Rien de ce qui se voit avec un billet Cook ne lui est étranger. Elle voyage par tradition, comme ses congénères. Le voyage est dans le sang britannique.

Vous rencontrez une vieille Anglaise au pied de l'Acropole, une autre à Carnac, une troisième au tombeau d'Hamlet, une quatrième à la mer de Glace, une cinquième à Odessa, une sixième à Saardam, une septième au palais Pitti, une huitième dans la cathédrale de Cologne, une neuvième sous les Plombs de Venise, une dixième à l'Alhambra ; cela fait dix vieilles Anglaises, et cependant il vous semble que c'est toujours la même qui déambule à travers le monde, son petit chapeau sur la tête, ses tartans sur le bras, ses tire-bouchons dans les yeux et sa face-à-main dans la dextre.

Qu'elle s'appelle miss Brown ou miss Dawson, ou mistress Clarke, ou mistress Bright, elle est pour vous l'éternelle vieille Anglaise, celle qui

La vieille Anglaise (page 198).

croit que le compartiment de chemin de fer est son *home*, qui s'y établit avec une désinvolture que beaucoup d'hommes lui envieraient. Elle couvre les coussins de valises et de sacs. Elle en emplit les filets. Ses provisions sont considérables, gênantes et puantes. Pour comble de malheur, elle s'allonge sur la banquette en dépliant une foule de couvertures, de draps, d'oreillers en caoutchouc dans lesquels elle introduit l'air en soufflant très fort. On dirait une fille des Highlands qui s'essaie à jouer du pibroch.

Elle est surtout assommante parce qu'elle vous accable de questions, sur le train, sur les stations, sur les monuments, sur l'histoire. Elle vous remercie, du reste, par des « I thank you » nombreux. Mais cela ne suffit pas à compenser le mal qu'elle vous donne. Profil anguleux, tête de brebis curieuse. Qui a vu deux ou trois vieilles Anglaises en wagon, a vu le type uniforme de la vieille Anglaise, cliente admirable pour les agences de billets circulaires.

Pudibonde à l'excès, comme vous savez, la vieille Anglaise n'a jamais pu admettre le wagon-lit dans son déshabillé complet. La jeune Anglaise non plus.

Aussi les filles d'Albion ont-elles adopté un

costume de nuit spécial pour aller en wagon-lit; après avoir ôté les habits modernes, les jupes et les corsages à l'heure du sommeil, elles exhibent un costume complet de batiste ou de toile, composé d'un pantalon bouffant et d'une veste large, que les habits modernes dissimulaient, si bien que l'Anglaise qui va se mettre au lit dans le sleeping-car, apparaîtrait à vos yeux (si vous pouviez la voir, pour son malheur et pour votre plus grande joie), dans le capiteux appareil d'une odalisque au sérail, mais avec les charmes physiques en moins.

Qui l'eût dit ? Qui l'eût cru ?

C'est ainsi pourtant et je peux en parler *de visu*. Ne me demandez pas comment j'eus, un jour, l'étrange fortune de voir ce curieux spectacle. J'en ris encore.

L'Anglais, le Yankee et l'Allemand.

De tous les voisins cosmopolites, ceux dont vous devez vous méfier surtout sont : l'Anglais, le Yankee et l'Allemand.

L'Anglais, j'entends le vilain Anglais et non le gentleman correct, est un être absolument inadmissible. C'est le sans-gêne et la grossièreté considérés dans un être laid, mal bâti, mal accoutré, qui prend le wagon pour une écurie ou pour une étable, selon qu'il est homme de cheval ou de bétail. Accoutré de la façon comique que vous connaissez, il prend possession du compartiment comme il ferait d'un pays conquis. Tout est à lui : il s'étend, il s'allonge, il tape du pied, il gronde, il barytonne, il siffle, il flatule avec une indépendance auprès de laquelle celle de son cousin Jonathan, conquise en 1787, n'est qu'une ironie.

Des Anglais aimables et sachant vivre m'ont expliqué un jour comment nous avions en France et dans toute l'Europe, si souvent affaire à l'Anglais mal élevé. La chose est simple. Beaucoup d'Anglais, peu fortunés, font mauvaise figure en Angleterre, où tout est cher, où ils doivent, par amour propre, soutenir un rang social plus ou moins élevé. Que font-ils ? Ils passent la Manche et se déversent sur l'Europe occidentale, où l'unité monétaire n'est plus comme chez eux le shilling ou le half-crown, mais le franc. Ils mangent leurs petits revenus dans les pays de système métrique. C'est moins coûteux.

Le franc, c'est pour eux vingt pour cent d'économie sur le principe, sans compter le boni, résultant d'un bon marché relatif, en Belgique, en France, en Italie, en Suisse.

De là, ces flots d'insulaires qui vivent perpétuellement en deçà de la Manche, sans que la masse des autres voyageurs s'explique pourquoi.

Ne vous est-il pas arrivé de rencontrer en hiver à Genève, par exemple, ou à Montreux, ou à Vevey, *des familles* anglaises, qui peuplent difficilement les hôtels, mais enfin qui animent tout au moins les tables d'hôte de la Métropole, du Lac, ou du Grand-Hôtel, ouvertes toute l'année ?

— Qu'est-ce qu'ils font ici, au lieu de travailler dans leur pays ? Voilà la question que vous vous posez toujours. Et si vous allez à Lausanne, à Zurich, à Côme, à Lugano, c'est la même constatation qui s'impose à votre esprit. C'est la même question qui revient vous obséder ?

Eh bien, la réponse est claire : Incapables de vivre chez eux comme ils le voudraient, ces Anglais sont toujours au perchoir sur le Continent, victimes du droit d'aînesse ou de tout autre us désagréable pour ceux qui n'en profitent point. Ils ont avec les maîtres d'hôtel, des conditions très modestes, à cause de l'hiver, et ils bivouaquent chez lui, à douze francs par jour, prêts à repartir au printemps pour un autre pays de système métrique.

De là, le nombre considérable d'Anglais qu'on voit dans nos chemins de fer et dans les chemins de fer belges, italiens et suisses. Comme ce n'est pas l'aristocratie anglaise qu'ils représentent, mais au contraire le parti vaincu par l'aristocratie de la naissance, ils sont revêches, désagréables, hargneux. Il faut conserver avec eux le plus grand sang-froid et leur appliquer la devise de leurs propres armoiries nationales : Je maintiendrai.

Maintenez votre droit, ferme et fort devant l'Anglais, l'Anglaise et leurs petits au besoin. Ce sont des gens qui prennent quatre pieds chez vous quand vous leur en avez accordé un tout juste. Il faut savoir les tenir à distance et les mâter.

Au besoin, savoir se lever et faire un temps de boxe entre deux stations, aux cris éplorés de la compagnie du boxeur britannique, qui cherche à tromper sa douleur par une gamme de petits miaulements à fendre l'âme.

Le Yankee est moins fréquent en Europe. Il ne sévit que dans la belle saison. C'est encore un voyageur très personnel, exigeant, brutal et sans-gêne, le plus souvent.

L'Allemand est désagréable en voyage, parce qu'il parle très fort une langue très rude. Nous autres Français, nous ne pouvons pas le sentir, même quand il est poli. On sait trop pourquoi. N'insistons pas.

Le monsieur qui a failli être tué dans un accident de chemin de fer.

Écoutez-le, celui-là, raconter avec une emphase à la Joseph Prudhomme le terrible accident de la Roche-Turpin, un tamponnement de premier ordre, qui a fait douze blessés et trois morts.

Les détails sont palpitants. Il les a lus dans les journaux, et il les raconte de souvenir, au petit bonheur.

— Eh bien ! messieurs, ajoute-t-il en forme de conclusion, moi qui vous parle, j'ai failli me trouver pris dans ce terrible tamponnement.

— Vraiment ? Pas possible ? répondent les auditeurs attentifs.

— C'est comme je vous le dis. J'allais prendre

le train, le fameux train 543, qui a tamponné le 810, pour m'en aller à la Roche-Turpin où m'appelait une affaire importante, lorsque ma femme me dit : Tu n'as pas pris ta montre. C'était, ma foi, vrai. Je reviens dans ma chambre pour prendre ma montre. Je la cherche inutilement. Elle était, je ne sais comment ni pourquoi, posée sur un guéridon du salon. Je vais donc dans le salon, je prends l'objet, et je dis au revoir à ma femme. Mais cette recherche m'avait fait perdre cinq minutes. Je vois que je n'aurais pas le temps d'arriver à la gare pour l'heure du train, et, comme l'affaire ne pressait pas à un jour près, je remets au lendemain mon voyage... A quoi tient la vie d'un homme ? Si j'avais pris le 543 ce soir-là, j'étais peut-être tué ou blessé, et assurément je ne serais pas ici pour vous donner des détails sur ce malheureux accident.

Il y a encore, comme variante, le monsieur qui avait failli prendre le train 543 deux jours auparavant, et qui raconte aussi sa petite histoire. Enfin la série se complète par celui qui a osé prendre le 543 le lendemain de l'accident, — ce qui n'est pas d'un homme ordinaire, on en conviendra.

Sottise humaine ! Vanité invétérée de l'espèce !

Chacun de ces narrateurs éprouve le besoin d'appeler l'attention sur sa personne, de se mettre en lumière, d'occuper un instant l'esprit des autres...

CHAPITRE VI

L'AMOUR EN WAGON

Hors de la question du voisinage, il y a bien des types curieux à dessiner dans les wagons roulant à grand fracas sur les rubans d'acier!

La dame qui ne part jamais.

Ah! quand l'amour nous tient!
La dame qui ne part jamais est une des adorables victimes de l' « amour en chemin de fer ».
Elle arrive à la gare de Paris, accompagnée de

son mari, dans un bon fiacre à galerie, avec une malle, une grande malle jaune, ou qui doit l'être par prédestination.

Monsieur vient conduire madame à la gare ; c'est elle seule qui s'en va, en Champagne ou en Bourgogne, voir ses parents, de vieilles gens de province qui n'aiment pas trop le mari, on le dit du moins. C'est monsieur qui prend le billet de première classe pour sa chère femme. La jolie pécheresse attend à côté du sous-facteur que la formalité du guichet soit remplie pour se diriger vers la bascule où l'on va peser la grande malle.

Monsieur et madame arrivent à l'enregistrement. Tous deux constatent que la malle est bien pesée. Un voyageur, 45 kilos ! C'est 3 ou 4 francs d'excédent. Dont quittance. Et allez, enlevez, c'est pesé. Le coup des adieux, maintenant.

— Auguste, embrasse-moi ; je monterai bien dans le train toute seule...

— Non, ma chérie, il y a encore vingt minutes. J'ai bien le temps de te mettre en voiture. Je vais te choisir un coin dans les dames seules.

— Oh ! ce n'est pas la peine. Tu sais bien qu'il y a toujours de la place. Allons, va, ne manque pas ton rendez-vous pour cette affaire, au boulevard Malesherbes, tu sais ?

— C'est à huit heures, et il est à peine six heures et demie.

— Qu'est-ce que ça fait? Voyons, je ne veux pas que tu te déranges comme ça pour moi. Allons, au revoir.

— Puisque tu le veux, ma chérie, embrasse-moi, toi, et au revoir. A la semaine prochaine. Ne reste pas plus de huit jours, et écris-moi, surtout.

— Bien sûr. Allons, adieu, Auguste. Encore un bécot. Là... Au revoir.

Et Auguste, le bon mari, s'en va dans un fiacre quelconque, en se félicitant d'avoir une aussi jolie petite femme.

Ah! Auguste, Auguste, si par un jeu de scène bien connu des vaudevillistes, tu revenais dans un quart d'heure et si tu pénétrais sur le quai du départ où le train chauffe, voici, pauvre ami, quel spectacle s'offrirait à tes yeux :

La dame est montée dans le compartiment des dames seules. Elle y est restée dix minutes, par précaution. Puis, elle est descendue prestement, et elle s'est adressée au chef de gare :

— Monsieur le chef de gare, il m'arrive un contretemps imprévu. Je devais partir dans cinq minutes par le train que voici, et voilà qu'il faut que je reste. Ne pourriez-vous me faire rembourser mon billet et me faire rendre ma malle, cette jaune — là, voyez-vous, qui n'est pas encore dans le fourgon?

— Avec plaisir, madame, répond le chef de gare obligeant. Venez avec moi.

— C'est très ennuyeux, madame, répond le chef de gare important. C'est très gênant pour le service. Enfin, pour une fois!...

Et l'on rembourse le billet, et l'on restitue la malle prête à être embarquée.

La dame remercie avec son plus gracieux sourire le chef de gare obligeant ou son confrère, puis hélant un fiacre à galerie (pas le même que celui qui l'a amenée, autant que possible), elle se dirige, au petit trot de la rossinante, vers le quartier de l'École militaire, où un bel officier de dragons l'attend dans un appartement meublé qu'il a loué l'autre semaine... Pauvre Auguste!

Et elle reste là huit jours. Les parents de province, elle les connaît, ils sont bâtis à chaux et à sable, ils ne mourront pas pendant son absence.

Reste la correspondance avec son mari. Quoi de plus simple? Elle envoie deux lettres à l'hôtelier de la ville natale de l'officier avec prière de

La dame qui ne part jamais (page 209).

les échelonner dans la boîte aux lettres. Ça l'humilie, mais l'amour n'est-il pas le plus fort? Et puis, il n'y a pas moyen de faire autrement, et avec un petit cadeau anonyme adressé à l'épouse de l'aubergiste, on s'en tire. Pauvre Auguste!...

La tante de Picardie.

La dame qui ne part jamais est de tous les temps et de tous les pays. Elle opère en France sur le Nord comme sur le P.-L.-M., l'Est ou l'Ouest.

On m'en a cité une dont l'aventure faillit tourner au tragique.

La pauvrette avait arrangé sa petite affaire comme il est dit ci-dessus. Elle était soi-disant chez sa tante de Picardie, une vieille dévote qui abominait son mari, son Auguste. Naturellement elle filait le parfait amour à Paris, avec un bien-aimé, militaire ou simple pékin, peu importe. Quelles intelligences avait-elle prudemment conservées au domicile conjugal pendant son escapade? Mystère et incorruptibilité des domestiques. Toujours est-il qu'elle apprend un beau jour que sa tante vient de mourir, et que monsieur avait, le matin même, su la nouvelle par une lettre du curé de l'endroit. Monsieur ne voulait pas aller à l'enterrement, mais il attendait quelque chose de madame, qu'il croyait bien au chevet de la défunte.

Que faire? Que devenir? Le suicide, il n'y avait que cet échappatoire! C'est sans doute le bien-aimé qui trouva le truc suivant : Une dépêche adressée à un hôtelier (toujours nécessaire en l'espèce), pour être réexpédiée au mari, disait en substance ceci :

« *Besoin de faire ce soir même achats pour deuil. Arriverai à Paris ce soir 4 heures. Attends-moi à la gare. Signé* : JULIETTE. »

C'était hardi. L'hôtelier pouvait ne pas retélégraphier. Il retélégraphia. La partie se jouait ensuite sur la complaisance problématique d'un chef de gare qu'on ne connaissait pas. *Audaces fortuna juvat!* A trois heures un quart, la pauvrette arrive toute tremblante, toute pleurante, dans le bureau du chef de la gare du Nord, qui la reconnaît, pour avoir fait deux ou trois fois, sur ses propres quais, le coup du faux départ.

C'était un homme sensible, heureusement, et compatissant.

— Eh bien, madame, qu'est-ce donc, demande-t-il avec intérêt.

— Ah! monsieur, gémit l'infortunée, je suis perdue. Vous seul pouvez me sauver.

— ???

— Voici comment : Mon mari va m'attendre à l'arrivée du train de Picardie, à 4 heures. Il croit que j'arrive de la province, et je suis restée à Paris. J'aime, je suis folle, mais vous me comprendrez....

— Ah! diable, diable!...

— Ce n'est rien pour vous, monsieur, vous allez voir. Que faut-il pour que je sois sauvée du déshonneur ? Que mon mari me voie descendre du train, accourant au-devant de lui au milieu de tous les autres voyageurs....

— Eh bien, mais, vous n'y êtes pas, dans le train, et c'est là le grand malheur, pauvre madame....

— Suivez-moi bien. Quand le train arrive à deux cents mètres de la gare, là-bas, à La Chapelle, il y a un signal ?

— Oui.

— Tous les trains s'arrêtent ou peuvent être arrêtés à ce signal ?

— Vous savez cela? Oui. C'est vrai.

— Eh bien ! Faites-moi conduire par un employé à La Chapelle. Autorisez un arrêt de trois

La dame qui fait Paris-Lyon (page 220).

secondes, à la faveur duquel je monterai lestement dans un compartiment quelconque, pour en redescendre avec tout le monde, comme si je venais d'Amiens ou d'Abbeville, ou d'ailleurs.

Le chef de gare se gratta la tête avant de riposter à cette admirable botte, portée si droit et d'une façon si touchante.

Enfin, il prit une résolution.

— Madame, dit-il de sa plus grosse voix, en homme qui est très embarrassé, je voudrais faire ce que vous me demandez, mais franchement c'est impossible. Vous le comprendrez vous-même. Ce serait donner aux autres voyageurs un spectacle suspect et dont on ne manquerait pas de jaser, car il faudrait être bouché pour ne pas comprendre l'objet de votre entrée tardive dans un compartiment, sous la conduite d'un de nos agents. Donc, impossible...

La dame allait s'évanouir.

— Mais, acheva le brave homme, je ne veux pas que vous vous perdiez alors qu'il dépend de moi de vous sauver, comme vous dites. Vous allez suivre un guide que je vais vous donner. Il vous conduira tout près d'ici, presque à l'entrée de la gare, dans un petit bureau où vous attendrez seule l'arrivée du train de quatre heures. Quand ce train se présentera pour demander l'entrée de la gare, je le ferai ralentir de telle façon que vous pourrez le suivre sans vous presser, et vous mêler ainsi à la foule des voyageurs qui en descendront.

— Ah! monsieur, que de bontés! Quelle reconnaissance.

— Ce n'est pas tout. Je veillerai à ce que personne ne pénètre sur le quai d'arrivée. Et maintenant, ajouta-t-il en prenant dans son tiroir un ticket périmé, voici un billet de première classe qui n'a aucune valeur, vous le remettrez au contrôleur de la sortie. Dans un instant cet agent sera prévenu; il me le restituera aussitôt après que vous le lui aurez remis.

Et tout s'accomplit comme le bon chef de gare l'avait dit. La pauvrette fut sauvée, car elle eut parfaitement l'air d'une femme qui arrive de Picardie par le train. Son mari la reçut à bras ouverts, et tous deux parlèrent du décès de la tante.....

Se souvient-elle aujourd'hui du bon chef de gare? Euh! Euh!.....

Les gares prédestinées aux retours inprévus.

Le truc du faux départ est, au surplus, très connu — des amants sinon des maris. Que de jeunes femmes j'ai vues qui montaient à 11 h. 15 dans l'express du P.-L.-M., avec un billet pour Marseille, pris en présence de leur seigneur et maître, payé de ses deniers (naturellement), et qui descendaient à Fontainebleau, à Montereau, pour revenir à Paris par le premier train montant, fût-il archi-omnibus !

A Paris, Lindor attendait Rosine en frisant sa moustache.

Ce qui gâte l'affaire et ce qui lui enlève son côté romanesque, c'est que ces pécheresses n'oublient pas de se faire rembourser le parcours qu'elles n'ont pas accompli. Beaucoup de voyageurs croient que le billet pris et payé est acquis à la Compagnie, même si on ne l'utilise pas. C'est là une grosse erreur, et nos charmantes voyageuses se gardent bien de la commettre.

Elles savent qu'il suffit de faire constater par le chef de gare où l'on descend que le parcours n'est pas effectué, pour avoir droit au remboursement partiel en rentrant à Paris. Et savez-vous ce que fait Rosine en tombant dans les bras de Lindor, dès que le train de retour a stoppé sous les halles vitrées du boulevard Diderot?

Elle le baise sur les deux joues, et avant de lui dire un seul mot d'amour elle s'écrie :

— Passons de l'autre côté, la buraliste a de l'argent à me remettre.....

L'argent du mari !

Fi ! comme c'est peu régence !

On m'a toujours assuré que les gares de Fontainebleau et Montereau sur le P.-L.-M., d'Étampes sur l'Orléans et de Chartres sur l'Ouest, étaient prédestinées à ces retours imprévus de jeunes femmes amoureuses. C'est la topographie qui le veut ainsi.

La femme qui fait Paris-Lyon.

Dirons-nous que c'est une hétaïre ambulante ? Une courtisane à plein tarif? Quelque soit le vocable dont nous nous servions, on reconnaîtra suffisamment la donzelle.

Sur la ligne de Paris à Lyon, elle exerce la profession galante, absolument comme d'autres filles d'Ève, ses collègues, opèrent sur la ceinture de Paris, entre la gare Saint-Lazare et Auteuil.

Celles qui circulent entre Paris et Lyon, celles qui *font la grande ligne* ont évidemment le tempérament plus robuste, l'esprit plus audacieux. Leur mise de fonds est plus considérable, mais aussi le hasard de la rencontre est plus fructueux.

La femme qui fait Paris-Lyon est élégamment vêtue, cela va de soi. Sans exagération, elle porte gaiement une toilette de voyage gaie. Elle monte de préférence dans le compartiment où il y a beaucoup de voyageurs. Et cette opération stratégique s'explique :

Dans un compartiment où il y a déjà six hommes, ou cinq hommes, la sirène, la « redoutable sirène » a plus de chances de trouver une proie que dans celui qui n'en compte que deux ou trois.

Elle se glisse entre les genoux de ces messieurs et s'asseoit auprès de celui d'entre eux qu'elle a dévisagé sans en avoir l'air, en se promenant sur le quai. Pendant toute la durée du voyage, elle le frôle, elle lui devient tangente tantôt par un point, tantôt par un autre. Si le monsieur est excitable, il chauffe à Tonnerre, il s'enflamme à Dijon, il est perdu à Mâcon, et Perrache le voit descendre avec sa nouvelle « conquête », comme il dit dans sa sotte vanité d'homme.

Si le monsieur n'est pas excitable, la sirène adresse des regards brûlants à un autre. Sur six hommes, elle a des chances d'en trouver un qui lui dise quelques mots à l'oreille pendant un arrêt. Le tour est joué.

Semblable au paquebot qui va de Marseille à Naples avec un chargement, et qui revient de Naples à Marseille avec un chargement nouveau, la voyageuse galante revient de Lyon quelques jours après, par un bon train, où il y a toujours du monde et où elle joue la femme qui rentre à Paris, après avoir joué précédemment la Parisienne qui s'exile en province. Elle plume un autre pigeon, et ainsi de suite. Ce n'est plus la haute noce, c'est la grande navette.

Le voyageur à bonnes fortunes.

C'est probablement à cette catégorie de personnes faciles qu'appartiennent les innombrables victimes du voyageur à bonnes fortunes. Voilà un type curieux et bien plus commun qu'on ne pense!

Il a toujours quelque heureuse aventure à vous raconter. Un jour c'était entre Nancy et Strasbourg, une autre fois entre Rennes et Le Mans, une autre fois encore entre Bordeaux et Bayonne. Et toujours, toujours des femmes, des phâmes idéalement jolies qui sont montées dans son compartiment, où il se trouvait tout seul, — naturellement, — et qui, dix minutes après, sont tombées dans ses bras. Baissons les stores...

Ah! le bon Gascon! Le bon blagueur! Il serait commis voyageur en vins qu'on lui pardonnerait ses vantardises. Mais c'est qu'il appartient à une profession libérale, plus élevée que le courtage des vins. Il voyage en première, en express, en train de luxe. Et à l'entendre il n'a pas accompli un voyage de douze heures sur les voies ferrées sans avoir trouvé quelque bonne fortune en chemin.

Tenez pour certain qu'il ment. La bonne fortune en chemin de fer, vous m'entendez, la bonne fortune, dans le sens privé du mot, est une absolue mystification. Cela n'existe pas. Ou du moins les exemples en sont tellement rares que mieux vaut n'en pas parler. Retenez bien ces vérités :

Si la femme qui voyage est jolie, elle ne se trouve jamais seule.

Si elle est honnête, le monsieur à bonnes fortunes ne peut rien sur elle.

Si c'est une femme galante, ça n'a plus aucun intérêt.

Vous pouvez hardiment sourire, quand un ami, maniaque et vantard, vous racontera ses prouesses dans le rapide de Bordeaux ou dans celui de Bruxelles. Partez de ce principe qu'il invente, qu'il brode, qu'il prend pour des réalités quelques désirs égrillards, qu'il enjolive un fait simple comme tous les faits quotidiens et, ensuite, abondez dans son sens; soyez aimable, faites l'étonné, enviez son sort; vous rendrez un homme heureux.

Une jolie femme ne voyage jamais seule.

C'est une de ces vérités qui peuvent être démontrées en quelques lignes : il est impossible de trouver seule dans un train ce qu'on appelle une jolie femme.

Pourquoi?

1° Parce qu'elle voyage toujours avec son mari, si elle a un mari, avec son amant si c'est un amant. Ces deux hommes (et l'un d'eux à défaut de l'autre) sont assez épris d'elle pour ne la laisser jamais seule. Ils iraient au bout du monde pour le plaisir de l'accompagner et d'assurer sa marche.

Une jolie femme ne voyage jamais seule (page 224).

2° Parce qu'elle a toujours autour d'elle, — si elle ne possède ni mari ni amant, — une légion de voyageurs allumés dont nous avons déjà dessiné les silhouettes dans un précédent chapitre, et que ce lot de messieurs bien mis, s'installant dans son compartiment, la protège contre toute atteinte individuelle.

Donc une jolie femme peut toujours se risquer en voyage, elle est sûre de n'être jamais seule ni en tête à tête avec un seul homme. Il y en a toujours deux ou trois pour la suivre dans son compartiment. C'est très gênant pour elle et très désagréable. Mais c'est encore moins ennuyeux que de rencontrer le monsieur à bonnes fortunes, qui n'a jamais affaire, en somme, qu'à des gourgandines, — nous l'avons dit plus haut.

CHAPITRE VII

LES AGRESSIONS EN COURS DE ROUTE

Après avoir parlé de l'amour, parlons un peu de la mort. Non pas de la mort qui peut survenir pendant que nous roulons, — par tamponnement, par déraillement ou autre accident, mais de la mort volontairement donnée, de l'assassinat, du chourinage qui a paru se développer un peu vite ces temps derniers, sur les réseaux français notamment.

Oh! ce ne sera pas long. D'abord la question manque de gaieté, et ensuite, j'estime qu'elle ne mérite vraiment pas les flots d'encre que chaque agression commise en chemin de fer fait verser aux philanthropes de tous les pays. Bien que les attentats en chemin de fer se soient multipliés depuis quelques années, on les compte encore, et rien ne serait plus aisé que d'en faire le tableau. Il y a l'éternelle affaire Jud, l'affaire Lubanski, l'affaire Barrême, l'affaire de Ville-d'Avray, l'affaire de Cannes, celle de Bologne. Après?... Sur ces six agressions, il n'en reste que deux dans les préoccupations de l'opinion publique : celles qui n'ont pas été expliquées : celle de Jud et celle du pont de Maisons-Laffitte. Mais on peut dire que l'intérêt qui s'attache à ces deux causes célèbres où les accusés font défaut—est indépendant de la façon dont les deux crimes ont été commis. Les grands points d'interrogation sont ceux-ci :

Qu'est devenu Jud ? Qui était-il ?

Quel mobile a pu pousser à l'assassinat du préfet de l'Eure ? Qui a pu commettre ce crime ?

Que le drame soit plus effrayant parce qu'il s'est passé en wagon dans les deux cas, d'accord. Mais si dans les deux cas il avait été expliqué, l'opinion publique ne penserait pas plus à l'un qu'à l'autre.

Ce total de six crimes paraît effrayant aux gens qui ne raisonnent pas, et qui ne voyagent pas. A ceux qui parcourent fréquemment les voies ferrées et qui coordonnent deux idées ensemble, il paraît bien minime. Et il est minime, il est infinitésimal.

Il en est du crime en chemin de fer comme des accidents de la voie. Il faut n'être jamais sorti de son trou, il faut n'avoir jamais dépassé St-Mandé, Bel-Air et Joinville-le-Pont pour trouver « effrayants » les accidents de chemin de fer qu'on signale de temps à autre sur nos lignes.

Celui qui voyage depuis dix ans, ne fait qu'admirer, vous entendez bien, qu'admirer la correction avec laquelle manœuvrent ces milliers de trains qui chaque jour zèbrent le territoire français sans un accroc, sans un malheur, sans faire un mort ni un blessé ! Il est émerveillé de voir qu'il y a si peu de tamponnements, si peu de déraillements, si peu de trains pris en écharpe ! Emerveillé ! Et il ne se lasse pas de le dire, de le répéter, de se le répéter à lui-même.

Ainsi des assassinats. C'est miracle qu'on ne tue pas plus souvent en chemin de fer. Pour se venger, pour voler, il me semble que la canaille humaine ne choisit pas si souvent qu'on a l'air de le dire les compartiments de chemin de fer. Je ne me plains pas ; je constate.

Car il faut bien tout dire. Le champ d'opération de la canaille ne peut pas être toujours le même. Il se déplace avec la civilisation. Où opéraient les bandits, autrefois, du temps des diligences? Dans la forêt de Bondy. Dans la forêt de Lieusaint, au bord des carrefours boisés en général, et la nuit.

Or, à la fin du dix-neuvième siècle où nous voici arrivés, voyage-t-on encore dans la forêt de Bondy? Non.

Traverse-t-on encore, en diligence, la nuit, les carrefours boisés? Non.

La canaille humaine a-t-elle disparu avec les coucous? Non. Au contraire, elle est plus nombreuse qu'autrefois.

Alors, il faut bien que son personnel *travaille* quelque part. Il opère dans les villes, la nuit, au coin des rues un peu sombres. Ce sont ses bois d'à présent. Pourquoi s'étonner quand il monte dans un compartiment de première ou de deuxième classe, aux fins d'y exercer son industrie séculaire?

C'est la loi du progrès.

Les agressions de 1885-86, qui se succédèrent avec une assez curieuse persistance, firent sortir de terre des myriades de polémistes, qui s'engagèrent à fond sur la question de savoir si on ne devait pas demander l'autodafé immédiat des wagons actuels, de tous les wagons à compartiments circulant en France, et leur remplacement par un matériel entièrement neuf de voitures à quarante places, dans le genre des tramways. (Le matériel des compagnies françaises représente environ deux milliards).

— De cette façon disaient les polémistes qu'une peur bleue galopait, on ne pourra jamais être seul avec un inconnu, dans un wagon de quarante places.

Quels enfantillages !

Pourquoi ne serait-on pas seul avec un inconnu dans un wagon de quarante places ? Il est certain que le fait se produirait moins souvent. Mais il suffit d'une circonstance pour qu'il se produise, et la question n'aurait pas avancé d'un pas.

Ce qui se dit alors de choses drôlatiques dans la presse, ce qu'on écrivit de bourdes à ce sujet est inimaginable.

Les journaux de l'époque furent pendant un mois remplis de récriminations, d'assertions, de propositions plus saugrenues les unes que les autres.

« Depuis l'assassinat de M. Barrême, disait l'un, il nous arrive beaucoup de propositions en vue d'empêcher le retour de pareils attentats.

« En voici une qui nous a paru mériter une attention particulière. Ainsi que l'on va pouvoir en juger, elle est très facile à exécuter, sans presque rien changer à la disposition actuelle du matériel des chemins de fer; de plus, elle doit être certainement des moins coûteuses.

« Il s'agirait simplement de mettre audessus de la partie du compartiment à laquelle le voyageur est adossé, une glace sans tain, à la place du capitonnage qui garnit les cloisons.

« Ces glaces sans tain, sans rideaux, bien entendu, permettraient de voir parfaitement d'un compartiment dans l'autre. Elles ne présenteraient pas les inconvénients d'une séparation à clairevoie, qui laisse entendre toutes les conversations et qui force les voyageurs à supporter l'odeur du tabac des fumeurs ou le courant d'air d'un compartiment voisin. »...

« A ne s'en rapporter qu'aux nombreux articles qui ont été écrits depuis quelques jours à l'occasion de l'assassinat du préfet de l'Eure, disait un autre, sur les moyens de sécurité à trouver pour défendre les voyageurs en chemin de fer, on est tenté de croire que nul journaliste n'a jamais pris place dans un de ces compartiments de luxe de la ligne du Nord qu'on appelle : *coupés-toilette*.

« En effet, là on est chez soi, à l'abri de toute visite importune, puisqu'on peut s'y enfermer grâce à un solide verrou qui ne joue qu'à l'intérieur, et qu'il est facile d'ouvrir à son gré, soit au moment de l'arrivée, soit en cas d'accident ou d'incendie.

« Serait-il donc bien difficile de garnir d'un verrou semblable la portière de tous les wagons? Non, bien certainement. On n'aurait plus à craindre les assassins du dehors ; ce serait toujours ça !

« Reste la mauvaise chance de se trouver en tête à tête, dans le même compartiment, avec un voyageur qui n'attend que le moment favorable pour se livrer à sa sanglante industrie, certain qu'il est de ne pas être vu.

« Pourquoi alors ne pas séparer tous les compartiments, quels qu'ils soient, par une large glace sans tain (l'idée était dans l'air), qui en prendrait toute la largeur, serait placée au-dessus du dossier capitonné, de façon à ne pas gêner mais à permettre de voir librement et complètement d'un compartiment dans l'autre? Cette amélioration est possible avec le vieux matériel et suffirait jusqu'au jour où les Compagnies françaises se décideront à adopter les installations américaines, c'est-à-dire ces trains où l'on peut circuler d'un wagon à l'autre, grâce aux galeries qui les réunissent.

« Je sais bien que ces glaces auront quelques inconvénients pour les couples qui recherchent en chemin de fer la solitude à deux, mais une intimité de moins est de beaucoup préférable à un coup de couteau de plus.

« On a également raconté, depuis la mort de M. Barrême, qu'on n'avait jamais arrêté aucun de ces sinistres meurtriers de chemins de fer. Et Bayon, l'assassin du malheureux Lubanski, le fils d'un médecin de Nice? C'est une injustice criante de l'oublier, d'autant plus que, lui, il a payé son crime de sa tête, malgré l'éloquente plaidoirie de Mᵉ Georges Lachaud.

« Ce fut le début du jeune maître à la Cour d'assises, pour une affaire capitale. Sa tâche était rude à remplir. Bayon niait avec une grande énergie, mais tout prouvait sa culpabilité et on avait exposé à la gare de Valence le wagon, théâtre du crime.

« C'est dans un coupé ordinaire que la victime avait été frappée, avec un tel acharnement et au milieu d'une telle lutte, que le sang avait jailli jusqu'au plafond du compartiment. Les glaces portaient encore l'empreinte de mains sanglantes ; les coussins étaient littéralement teints en rouge. C'était horrible !

« Jamais, ajoutait l'écrivain, depuis cette époque déjà lointaine (cela se passait en mai 1870), je ne suis monté dans un coupé de chemin de fer sans me souvenir..... »

La solution d'un sage.

D'autres demandèrent à grands cris — ou le wagon à couloir — ou le train à marchepieds communiquants — ou les compartiments vitrés — ou la fermeture à clef, en dehors du wagon.

« Le wagon à couloir, écrivait Ignotus, ne serait fait que dans dix ans ; il est trop froid l'hiver — trop chaud l'été — en toute saison trop bruyant. La plupart des Français aiment la solitude en chemin de fer.

« Le voyage est un repos mental, un isolement d'esprit. Vous souvenez-vous de ces doux réveils du matin, en wagon ? La chair tressaillait délicieusement en même temps que s'éveillait la Terre dont elle est fille. L'âme, frissonnant sous la perception confuse de la vitesse, se troublait adorablement. Le jour qui grandissait peu à peu lui semblait être l'approche d'une lumière infinie vers laquelle elle glissait...

« Tout l'être double dont se compose l'Individu se troublait en nous ! C'est si rare et si doux de pouvoir être seul !

« C'était encore plus doux d'être seulement deux. Quoi ! cela n'arriverait plus, parce que, l'autre jour, la seconde personne était un assassin ! » Bien rugi, lion !

« Le train à marchepieds communiquants me déplaît aussi, poursuivait le philosophe hebdomadaire du *Figaro*. Déjà nous étions assaillis par mille ennuis administratifs. Quoi de plus irritant que de montrer à chaque instant son ticket, quand on est plongé dans le rêve et le sommeil ? Pour moi, je ne sais jamais dans quel poche je l'ai mis !

« Quoi ! payer des cinquante et soixante francs pour avoir cet ennui de montrer sans cesse son ticket, alors que les gendarmes ne demandent plus le passeport à la frontière !

« Et voilà qu'à l'instar de certains pays étrangers, un employé apparaîtrait à la portière, même pendant la marche !

« D'ailleurs, ce marchepied pourrait servir aux assassins. En janvier 1884, on nous racontait à Cannes, ceci : Un notaire, M. N....., partait un soir de Paris, avec sa femme et une femme de chambre. Tous trois dormaient dans un wagon de première classe. Subitement ils sont réveillés par les aboiements de leur petit griffon. C'était un homme entré, en pleine marche, dans le wagon. M. N..... pousse le bouton d'alarme. Le train s'arrête. L'homme a fui. On ne l'a jamais retrouvé. La Compagnie a demandé le silence pour ne pas effrayer le public. L'homme venait certainement par le marchepied d'un wagon de seconde ou de troisième classe...

« Ce fait prouve aussi que les chiens sont utiles en wagon.

« Ne les mettons donc pas tous aux bagages!

« Et les femmes poursuivies par quelque voyageur déguisé en femme ? Elles seraient à la disposition d'un satyre, venu par le marchepied !

« Quant à la fermeture à clef du wagon par le dehors, elle est insensée. Quoi! être enfermé comme un assassin à Mazas — pour ne pas être assassiné?

« Être aux ordres des employés partout et toujours ! Ne pas pouvoir sortir d'un wagon plus qu'un colis ne peut, sans l'employé, sortir du compartiment des bagages ! Enfin, avoir cette action nerveuse, reflexe — ce malaise psychique et pathologique que cause la sensation de l'*enfermé !* Jamais !

« J'aimerais mieux revoyager dans l'ancien coche. J'aimerais mieux courir le risque d'être assassiné ! J'aimerais mieux regarder sans cesse d'un air féroce mes compagnons nocturnes — et passer à leurs yeux pour un assassin !

« Reste la vitre placée entre deux compartiments ! Ce procédé est utilisé déjà sur quelques grandes lignes de chemins de fer. Il permet d'entendre encore plus que de voir. Uni au procédé du *bouton d'alarme*, il diminue les chances de l'assassin, et augmente celles de l'attaqué.

« Soit ! C'est la meilleure solution.

« Cette double garantie calmera peut-être le trac qui nous a saisis tous.

« Mais, au nom du ciel, n'allons pas augmenter les mille ennuis du voyage, parce que nous avons une chance sur huit millions d'être assassiné — c'est-à-dire huit fois moins de chances que pour gagner le gros lot d'une obligation de la Ville de Paris ! »...

Impossible de mieux dire. C'était là le bon sens et la logique mêmes.

« Cette catégorie de crimes peut ne plus exister

demain, si l'on veut, écrivait encore M. Albert Millaud. Il suffit que le gouvernement ou un député présente une loi : « Ordonnant aux Compagnies de chemins de fer de modifier immédiatement leur matériel roulant, — en transformant les wagons en cars américains, c'est-à-dire en vastes salons-omnibus, sans séparation, — et en faisant communiquer entre elles toutes les voitures, depuis la machine jusqu'au fourgon de bagages.

« C'est ainsi que l'on en use en Allemagne, en Suisse et en Amérique. Les wagons sont conçus à la façon des tramways. La circulation est incessante d'un wagon à l'autre et les employés du train vont et viennent, nuit et jour. Aussi, vous n'entendez jamais parler d'un crime ou d'un vol sur les lignes allemandes, suisses, américaines et russes. (Est-ce bien sûr?).

« Il faudrait que les journaux de Paris et de la France entière se missent en tête d'entreprendre une campagne pour forcer la main aux Compagnies de chemins de fer, beaucoup plus financières que pratiques. Peut-être dépenserait-on quelques cinquantaines de millions pour transformer du tout au tout le vieux matériel de nos vieux railways, mais qu'est-ce que l'argent à côté de la sécurité publique? Certes, on y viendra un jour, quand les assassins, assurés de l'impunité, ne garderont plus aucune vergogne et que chaque train emportera sa victime.

« Ce jour-là est encore lointain.

« Pour le moment, on se contentera d'inventer un nouveau signal d'alarme plus bête que les autres, et d'appliquer sur certains compartiments réservés des plaques gravées, ainsi conçues : « Assassins seuls ».

La chute est drôle, mais l'idée générale ne tient pas debout.

Le Français a horreur de la promiscuité, et notre ami Albert-Millaud lui-même, quand il s'apprête à monter dans le train de Chatou, par les beaux soirs d'été, se gardera bien de prendre place dans les cars américains qu'il nous souhaite, si on nous les impose.

Dès qu'il apercevra un wagon-salon contenant seulement huit personnes, il se sauvera, soyez-en certain.

Ne verra-t-il que quatre voyageurs dans un compartiment ordinaire? Il les évitera et tâchera de se blottir lestement dans un bon coin, où il aura l'espoir d'être seul, en tête-à-tête avec une idée de pièce pour les Variétés.

Des mots! des mots!

Les sonneries d'alarme (page 242).

Les sonneries d'alarme.

Tout fut dit sur les invraisemblables sonneries d'alarme « qui ne fonctionnent jamais ». J'avoue que ne m'étant jamais précipité sur un bouton d'appel au chef de train, je n'ai jamais pu savoir par expérience si les sonnettes d'alarme fonctionnent ou ne fonctionnent pas en général sur les lignes françaises. Je sais qu'à l'étranger elles marchent très bien. Je crois qu'en France elles fonctionnent aussi. Mais, en France, on ne relie les sonnettes au fourgon que dans les trains de vitesse. On en fait l'épreuve toujours avant le départ du train, ce que le voyageur ignore. On devrait de temps en temps les éprouver en cours de route, sans prévenir les employés subalternes, comme on fait pour les manœuvres d'incendie.

Mais qu'il y ait ou non des sonneries d'alarme, le bon sens indique que ce n'est pas encore cet engin qui sauvera les vies attaquées par le banditisme en délire.

Vous imaginez-vous que si un Robert-Macaire de la voie ferrée en veut à vos banknotes, il vous laissera le temps de vous suspendre au bouton à vapeur des wagons de l'Ouest, par exemple ? Vous pourriez lui en demander la permission et tirer à deux mains sur le bouton. Après quoi, le brigand commencerait son crime. Mais il n'accepterait pas cette proposition dilatoire.

Vous représentez-vous la petite dame qui a toujours un mignon revolver dans sa poche et qui, le couteau sur la gorge, hésitera entre ces deux alternatives : 1° se fouiller profondément pour extraire de ses jupes l'arme défensive ; 2° s'élancer sur le bouton électrique des wagons du P.-L.-M., placé au-dessus de l'une des portières? Cette hésitation la perdra.

Cependant, il est un cas où le voleur pourrait vous donner du temps, histoire de mieux savourer son attentat : si vous étiez en route sur une des lignes du Nord, par exemple !

Comique, vous savez, la situation dans laquelle vous seriez placé, si un détrousseur de profession venait vous demander l'heure à minuit dans un compartiment de la Compagnie du Nord ! La sonnerie d'alarme de ce réseau a déjà désopilé la rate de deux générations ! C'est un petit triangle de verre incrusté dans le drap du wagon, avec un petit anneau mystérieux. Oh ! cet anneau ! Un rêve ! une trouvaille !

Le détrousseur arrive. Vous lui demandez d'abord la permission de frotter une allumettebougie et de lire ce qu'il y a d'écrit au-dessous du petit triangle en verre.

— Parfaitement, monsieur. Lisez. J'attendrai.

Pendant ce temps-là, il affile son couteau.

Au bout d'une minute, vous avez compris ce qui vous reste à faire. Les instructions sont précises : Casser le triangle en verre, tirer sur l'anneau, ouvrir la glace de la portière de droite et agiter le bras, comme autrefois les télégraphes Chappe, pour donner au conducteur une idée de la place que vous occupez dans le train.

Le voleur sourit. Il tient sa proie, il n'est pas pressé. Il vous attend. Vous risquez une requête.

— Puis-je casser le petit carreau, dites donc, voleur?

— Certainement, ne vous gênez pas.

Ça vous enhardit, cette faiblesse.

— Puis-je tirer le petit anneau, bon voleur?

— Je n'y vois pas d'inconvénient. Allez-y!

Quel espoir! Maintenant, à la portière de droite!

— Puis-je ouvrir la glace de la portière de droite, bon voleur?

— Ma foi! Ça n'a pas d'importance. Il fait nuit noire.

N'importe, vous balancez le bras dans les ténèbres.

— Que faire, maintenant? J'ai accompli toutes les prescriptions contenues dans le carré de carton qui est fixé sous le carreau de verre.

— C'est fini. Le signal est donné. Je suis obligé maintenant, de vous saigner, car, à la fin, on pourrait venir!...

Et couic! Vous tombez mort ou morte, sur le marchepied du wagon qui dévore l'espace, non sans que votre agresseur vous crie dans l'obscurité :

— Méfiez-vous! Le petit carreau vous a coupé au doigt!

Les sonneries d'alarme peuvent servir en cas d'indisposition, de maladie. Mais, dans le cas d'une agression, c'est une utopie. Le malfaiteur ne doit avoir qu'une idée en montant dans le wagon; c'est de les empêcher de fonctionner ou de vous empêcher d'y atteindre en vous saignant.

Comment faire, alors? demanderont les gens timorés.

Laisser faire, laisser courir. Subir la moyenne infiniment faible des agressions qui se produisent en chemin de fer. Avoir une arme la nuit. Avoir surtout du sang-froid et ne pas perdre la boule, pour éviter de brûler la cervelle à d'honorables contrôleurs, qui se présentent, sur certains réseaux, à la vitre du compartiment en cours de route.

CHAPITRE VIII

A L'ÉTRANGER

Nous avons beaucoup parlé de la vie en chemin de fer, en France, parce que nous nous adressons surtout à des Français et que les Français passent pour ne sortir guère de leur pays.

Mais pour ceux de nos compatriotes, de plus en plus nombreux, qui comprennent combien nous gagnons à connaître les autres pays, combien nous resterions petits avec notre boursouflure et notre vanité dans la grande bagarre humaine, il est utile de dire quelques mots de la vie en chemin de fer telle que nous la trouvons à l'étranger, car elle est partout maintenant.

Les douaniers et la douane.

D'abord les douaniers. J'ai le regret de le dire, mais quand je franchis la frontière par Jeumont, Pagny-sur-Moselle ou Avricourt, je regarde avec pitié nos pauvres vieux douaniers français, dans leur capote bleue. Avec leur pipette à la bouche et leur allure de malades sortant de l'hôpital, ils marquent bien mal, révérence parler. Surtout quand en les quittant on trouve le douanier belge, jeune homme pimpant, ou le douanier allemand, fonctionnaire à lunettes, toujours correct, souvent poli. Cette impression est des plus sensibles quand on rentre en France en venant du Nord de l'Europe.

On quitte des employés sanglés, raides, méthodiques et prestes dans l'exécution d'une besogne insipide. On retrouve à Jeumont ou à Feignies de bons gabelous, avec leurs horribles femmes, qui palpent, qui fouillent sans égard dans tous les paquets. C'est le débraillé qui remplace tout ce que je viens de quitter. Je plains la France quant à son cordon de douanes. Est-ce qu'elle ne pourrait pas mettre là des employés, au lieu d'y mettre ces vieux débris et leurs légitimes, tous braves à trois poils, mais déplacés dans une salle de visite ?

Pour fouiller les wagons et embêter le public, il n'y a pas que la France, malheureusement ! L'Italie est la première de toutes les nations pour les tracasseries douanières. Et ce personnel ! Oh ! ces têtes ! Elles valent celles de nos gabelous. C'est un autre genre, mais c'est aussi sale.

La visite de la douane est un des obstacles les plus sérieux à l'extension des voyages à travers l'Europe. Evidemment c'est un usage barbare, qui tient encore aux vieilles traditions du protectionnisme à la Colbert.

On s'entendra un jour, bien sûr, pour laisser les malheureux voyageurs dormir tranquilles. Tandis qu'aujourd'hui, à la veille du XXe siècle, il y a encore des gens qui viennent vous réveiller à deux heures du matin pour passer la visite de la douane.

— Mais mon bagage est enregistré pour Paris, ou pour Cologne ; il sera visité à l'arrivée.

— Oui, mais les petits paquets ?

— Je n'en ai pas, je n'ai qu'un parapluie.

— Ça ne fait rien, il faut descendre.

— Mais pourquoi faire ?

— Parce que c'est le règlement.

Et vous descendez, en costume de nuit, très ennuyé de cette fumisterie de mauvais goût. S'il gèle, comme c'est drôle d'aller passer une demi-heure dans une salle d'attente infecte, fumeuse, obscure !

Car, on vous fait descendre, mais on ne sait pas pourquoi.

Ce n'est pas pour voir votre frimousse, puisqu'il n'y a plus de formalités de police aux frontières. Alors ?...

C'est pour vous enfermer dans la salle d'attente, jusqu'à ce que le train soit constitué sous la direction d'employés appartenant à la nationalité nouvelle. C'est idiot et vexatoire en diable.

Les voyageurs sont vraiment de bonnes bêtes. Si pendant un mois tous les voyageurs sans bagages à la main consentaient à se roidir contre cette coutume inepte, et refusaient de descendre au passage des frontières, les gouvernements aviseraient bien au moyen de faire visiter les valises dans les compartiments. Ça viendra, mais quand ? Les wagons-lits ont obtenu cette faveur pour leurs voitures du luxe, mais pas partout encore. La routine humaine est une si belle chose !

Le train belge.

Filons-nous en Belgique? Filons.

L'employé belge apparaît à Maubeuge; il n'opère qu'à partir d'Erquelines ou de Quévy. Il a un petit accent, savez-vous? Mais il est très poli. Sa petite casquette en forme de galette aplatie sur le devant n'est pas méchante. Sa physionomie rose et blonde non plus. Il contrôle beaucoup, et toujours en cours de route; cet exercice est dangereux. Le Nord français le fait exécuter aussi à ses agents. Question de voisinage et d'imitation.

Cette façon de procéder est, comme disent les chercheurs d'expressions aujourd'hui, troublante, surtout si vous faites un voyage de justes noces, ou quelque chose d'approchant, et que vous soyez enlacé dans les bras de votre dulcinée...

— Ça est bien, ça est bien, dit l'employé belge quand il interrompt un tête-à-tête amoureux.

Et il passe son chemin, le doux homme.

— Vos billets? demande avec autorité le contrôleur français, qui n'entend pas la bagatelle et qui veut faire l'important.

Le train belge est à l'imitation du train français. Matériel passable. Rien de luxueux. Fumeurs et non fumeurs. Rooken et niet Rooken, à cause des Flamands qui tirent dur sur la pipe.

Le train belge et la gare belge sont amusants par leur cosmopolitanisme. Ils véhiculent et ils trient les voyageurs qui viennent de tous les coins de l'Europe et s'entrecroisent sur le territoire belge. Gens de Londres allant à Hambourg et *vice versâ*, gens de Paris allant à Anvers et réciproquement, affluences de Douvres par Flessingue, de Folkestone par Calais, de Berlin et de Cologne par Verviers, de Bâle et du Midi par Arlon et Namur, de Paris par Mons, c'est un chassé-croisé très intéressant à suivre. Aussi, les employés belges savent-ils souvent quatre ou cinq langues.

Il y a quatre idiomes qui sont officiellement exigés : le français, le flamand, l'anglais et l'allemand. Aussi dans beaucoup de gares de la Belgique lirez-vous les inscriptions d'usage : chef de gare, cabinets, buffet, salle d'attente, toujours en quatre langues.

Le train belge est un train de transit. On n'y

séjourne jamais longtemps, la traversée de la Belgique étant très courte. Souvent même on ne met pas les pieds dans un wagon belge tant qu'on ne fait que traverser le territoire. Les wagons français vont directement à Bruxelles et ensuite à Amsterdam. Ceux de l'Allemagne viennent de Cologne à Liége et à Bruxelles.

Le train allemand.

Cric, crac! Bric, brac! Brom, brom! C'est sec et net comme une manœuvre d'infanterie prussienne. Le train allemand est militaire. Tout y fonctionne militairement. Depuis le mécanicien jusqu'au dernier graisseur tout le personnel sent la caserne. C'est un genre qui a du bon. J'avoue que le colis humain se flatte d'être mieux transporté, mieux assuré contre les chances d'accidents lorsqu'il voit un ensemble de dix ou douze voitures menées au sifflet comme s'il s'agissait de douze pièces de canon. Il se trompe peut-être, mais l'impression n'en est pas moins là.

Le beau chef de train à barbe blonde, portant en bandoulière la sacoche en cuir rouge, signe distinctif de son autorité, est raide et sec. On dirait un automate.

Le chef de gare, de noir vêtu, boutonné dans l'ineffable tunique-redingote à deux rangs de boutons, coiffé de la casquette écarlate, est raide et sec. Autre automate.

Le convoyeur, employé qui monte dans le train (à raison de trois convoyeurs par train), est le plus humble des fonctionnaires ambulants que le voyageur rencontre sur les voies allemandes. C'est lui qui ouvre les portières, cric, crac, et qui les referme, bric, brac, en poussant des cris rauques que nous ne comprenons pas, mais qui signifient quelque chose, évidemment. Il est raide et sec comme ses supérieurs. Tous automates.

Item le distributeur de billets, *item* le portier de la gare, le gendarme de service, le douanier à lunettes. Dès qu'on passe une frontière allemande, on est embrigadé. On n'est plus un voyageur, on est un numéro matricule, un conscrit de l'armée des *Eisenbahnen*.

Les wagons sont très beaux. Les deuxièmes classes sont vraiment admirables de confortable. Les premières sont toutes de velours vêtues.

Il n'y a que les princes, les généraux et les Français qui prennent des premières en Allemagne. C'est un dicton.

Que le train soit bavarois, prussien, badois,

rhénan ou saxon, c'est toujours le même compartiment commode et propre, bien habillé, large, pourvu le plus souvent de cabinets et de toilettes. L'uniforme des employés change suivant les réseaux, mais le *modus vivendi* est toujours le même : bric, brac, cric, crac, hop, pirrrrouit ! On n'a jamais le temps de souffler ; c'est l'inconvénient du système.

Ne vous risquez jamais dans les buffets allemands en cours de route, je devrais dire dans les *restaurations*. Malgré l'indicateur et les arrêts marqués, il faut toujours s'attendre à être laissé sur le quai par un train allemand, qui, pour un oui, pour un non, partira deux minutes avant l'heure au moment où vous vous y attendrez le moins.

Indice d'une civilisation retardataire, le bel arrêt du déjeuner ou du dîner n'est pas connu en Allemagne. On y mange dans les wagons ; on y happe des sandwichs au fromage, sur des plateaux qui contiennent aussi de la bière et de l'eau fraîche. Rien que cette privation nous fait regretter nos jolis trains rapides de la plantureuse France, où l'heure du rôti n'est jamais oubliée.

Un autre ennui : les convoyeurs sont là, debout à leur poste, aux portières des wagons, vingt minutes avant le départ du train. Assurément ils ne sont pas là pour vous embêter. Et cependant ils vous embêtent. Ils ont la rage de vous indiquer des compartiments dans lesquels vous montez de confiance. Ils casent ainsi leur public où bon leur semble ; et comme leur contrôle se fait en cours de route, ils cherchent le moyen d'avoir la somme de besogne la plus minime. Ils entassent les clients, au besoin par cinq et six dans un compartiment, alors que les compartiments voisins resteront vides. On n'ose rien dire, ce qui est idiot, parce qu'on se sent tout petit, simple voyageur non gradé, dans cette armée formidable où le convoyeur est sergent.

Les voyageurs allemands acceptent le procédé. Les Anglais et les Français réclament. Mais c'est toujours une source de récriminations et de représailles insupportables. Affaire d'habitude. Ces gaillards-là traitent le voyageur comme un peloton de recrues.

Mais comme ils contrôlent bien les billets ! Comme ils en font bien la collecte, un quart d'heure avant l'arrivée à destination ! Comme ils ouvrent bien les portières à la descente, et comme ils vous évitent les ennuis de la sortie !

Cela vaut quelque chose, meinherr.

Quand vous voyagez en Allemagne, remarquez que les trains qui se croisent sur les doubles voies prennent toujours leur droite, alors qu'en France les nôtres prennent leur gauche.

Il y a dans ce petit fait un abîme de routine. Quand deux cochers français croisent leurs voitures, prennent-ils leur gauche? Non. Ils prennent leur droite. Les cochers allemands aussi. Il semblerait tout naturel que, sur les voies ferrées françaises, une rencontre de trains fût réglée comme une rencontre de voitures sur une route. Pas du tout. On a fait prendre la gauche aux trains de chemin de fer, et depuis cinquante ans les trains français qui se croisent prennent leur gauche au lieu de prendre leur droite, alors que la droite constitue le mode de garage national sur les routes.

Pourquoi? Parce que les chemins de fer français ont été construits, il y a cinquante ans, par les Anglais sur le modèle des chemins anglais, et qu'en Angleterre les cochers prennent leur gauche. Les premiers constructeurs pouvaient imiter servilement les Anglais, c'était explicable. Mais qu'aujourd'hui de semblables bévues soient perpétuées, c'est vraiment inconcevable.

Toujours l'histoire du banc peint en vert et de la sentinelle !

Et il en sera longtemps ainsi, longtemps encore !

En résumé, quand vous voyagez sur les voies ferrées de l'Allemagne, ne vous écartez jamais de votre train, et condamnez-vous à déjeuner sur les coussins de votre compartiment, comme les Allemands eux-mêmes. C'est sale, mais, cette fois, il n'y a pas moyen de faire autrement. A la guerre comme à la guerre !

Une innovation intelligente que vous remarquerez dans les wagons allemands. La carte du réseau que vous parcourez est affichée dans chaque compartiment. C'est très commode, — et j'ajouterai que c'est aussi fort triste pour les Français quand ils voyagent sur le réseau *Elsass-Lothringen*. La carte de nos provinces perdues semble étalée là pour narguer le voyageur. Les Allemands l'ont zébrée de traits noirs, en long, en large, en zig-zag. Autant de chemins de fer stratégiques, destinés en temps de guerre à mobiliser les casques-à-pointe, et à immobiliser... l'ennemi de l'Ouest.

Cette race a vraiment le génie de la science appliquée à l'industrie, au commerce et à la guerre. L'admirable écheveau de ses voies ferrées en est une preuve. Il n'y a en Europe que l'écheveau français qui puisse lui être comparé.

Avez-vous vu des quatrièmes classes? Vous en trouverez toujours en Allemagne, notamment sur les chemins de fer Rhénans, autour de Mayence, de Wiesbaden, de Francfort. Le wagon de quatrième classe est absolument semblable au wagon à bestiaux. On s'y tient debout; l'air pénètre par des lucarnes assez élevées; les hommes et les femmes entassés là-dedans ont assez l'air d'un troupeau de bœufs. Le contraire surprendrait, n'est-ce pas?

Ce qu'il y a de très remarquable en Allemagne, c'est la facilité tout-à-fait scientifique avec lavelle les populations se sont assimilé les chemins de fer. Dans notre pays, le chemin de fer, tout utilitaire qu'il paraisse, reste encore un accessoire, un luxe, un intrus pour les villes et les bourgs où les ingénieurs le font passer. En Allemagne, tout le monde l'appelle. C'est à qui l'aura dans sa propriété, et quand l'emplacement d'une gare est choisi, les plus grosses dépenses sont faites pour installer cette gare de façon qu'elle devienne ce qu'il faut qu'elle soit aujourd'hui, le centre de la ville et de la vie, le lieu de réunion le plus pratique des habitants, le rendez-vous des parents et des amis les jours de fête.

De là, ces *restaurations* avec jardins qui s'étendent dans les gares monumentales de l'Allemagne du Nord, particulièrement. Les gares de la banlieue de Hambourg sont enchanteresses. On y traverse des verdures sans fin, des jardins, des bosquets, où mille consommateurs dégustent la bière, en écoutant la musique, interrompue de temps en temps par l'arrivée d'un train. C'est fort pratique. Il faut voir les gares toutes neuves du Schleswig-Holstein, pris au Danemark il y a vingt-cinq ans. Ce sont de vraies Bourses. Toute la ville est à la gare, sur les quais, dans les salles, aux restaurations, quand approche l'heure du train qui va dans le Sud, vers le soir. On vient là par distraction. On vient reconduire, on vient causer. La ville est vide pendant une heure, toute la population se promenant pendant cette heure à la gare.

Et les Allemands sont dans le vrai. La gare est le centre de l'existence des villes aujourd'hui. Il n'y a que chez nous qu'on ne le comprenne pas. Aussi vous voyez de grandes gares françaises où il n'y a ni buffet, ni télégraphe, ni bureau de poste, ni rien du tout. A plus forte raison risquerez-vous d'être bafoué par le chef d'une petite gare modeste, quand vous lui demanderez où est la poste, où est le télégraphe, où est le buffet.

En Allemagne, comme en Belgique, comme en Angleterre, comme en Hollande, comme en Autriche, pas une gare où il n'y ait tout cela réuni.

Nous n'en restons pas moins le premier peuple du monde, c'est entendu.

Et maintenant, quittons les signaux noirs et blancs, aux couleurs lugubres de la Prussse, oublions Abtritt, Erste Klasse, Billiet Ausgabe, Retourbilliet, Ausgang, Zugang, Eingang, Banhof et Wartesaal, pour passer la frontière à Bâle et croquer les trains de l'Helvétie.

Le train Suisse.

C'est un train à la papa. Bon époux, bon père, le gouvernement défend aux compagnies de marcher la nuit. Ça été le diable dernièrement, pour obtenir qu'un train rapide partît de Genève à minuit pour venir à Paris.

Les trains suisses sont conduits à la bonne flanquette par de bons gros garçons, pas méchants, qui parlent tantôt français tantôt allemand. Matériel passable, tout en wagons-tramways. C'est commode si on n'est pas difficile sur la question de promiscuité. Moi, ça me fait l'effet d'une brasserie roulante, où je suis obligé de pactiser avec une trentaine de gens que je ne connais pas. Dans mon compartiment français je n'en avais que sept, au maximum.

Par la force des choses, le train suisse ne parcourt guère que des montagnes et des gorges ; sa vitesse est donc très modérée. Le train express est une chimère au bord des lacs, et franchement le besoin ne s'en fait pas sentir. Il y a quelques *directs* dont la marche est raisonnable. Ils vont rejoindre en Autriche, en Italie, en France et en Alsace, les quatre grands trains postaux qui, chaque soir, partent du « mont Adule » pour déverser touristes et sacs de dépêches à Vienne, à Rome, à Paris et à Berlin. La gare de Bâle a de l'ampleur, parce qu'elle est un lieu de transit très fréquenté. Tout le trafic du Saint-Gothard passe par la Suisse. C'est une bonne affaire pour les chemins de fer helvétiques que la percée de ce trou sublime, véritable terrier à lapins, tout en labyrinthe et en contours grandioses.

Le train Italien.

Descendez l'admirable versant du Tessin, Bellinzona, Locarno, Chiasso, Côme. Vous êtes dans la belle Italie. Vous avez à Côme, et même dès Chiasso, l'ineffable plaisir d'être conduit par les employés Italiens, *li impiegati delle ferrovie dell' alla Italia*. Ah! les gaillards! en voilà qui sont typiques! *Partenza! Partenza!* Il faudrait la brosse d'un Ribot pour les rendre avec la vigueur de ton qui convient.

Partenza! Per Genoa, Pisa, Roma! Sont-ils assez sales, avec leur casquette graisseuse, aux quatre lettres en métal S. F. A. I., mal ajustées sur la visière? Sont-ils assez répugnants, avec leur barbe longue de huit jours, leur col de chemise noirâtre, leur veste rapiécée, leurs souliers éculés? Et toujours la cigarette ou le bout de cigare entre les dents! *Horror! Pinerolo! Torino! Dieci minute di fermata!* Et cette allure! Et ce déhanchement! Et cette familiarité! On sent là-dedans un débraillé officiel qui doit partir des plushauts grades pour dégringoler par ordre jusqu'aux plus infimes. *Treno celere per Napoli! Partenza!*

Matériel convenable, surtout en première classe, où les wagons ont l'air d'avoir été construits par des ateliers français. Vitesse modérée, très modérée, même quand le *treno* est qualifié de *celere*. Voie unique presque partout. Trajets supportables jusqu'à Rome. Mais dès qu'on entre dans les réseaux napolitains, ça devient bien désagréable.

Oh! les employés *delle ferrovie napolitane*, Brrrr! On n'y toucherait pas avec des pincettes!

Les chemins de fer qui font le tour de la Sicile sont de véritables tramways, et pour cause. On n'y fait que contourner et gravir montagnes et collines. Mais c'est beau, beau, beau. Mieux vaut cette lenteur de diligence pour le touriste. L'*Impiegato* sud-italien n'a qu'une arme, mais elle est terrible, d'autant plus qu'elle est dirigée contre le voyageur. Cette arme est un mètre, ou plutôt un demi-mètre.

Forts de cette mesure arbitrairement imposée par les Compagnies sud-italiennes aux bagages que le voyageur garde avec lui, les *impiegati sicule* et *napolitane* sont insupportables.

Dès que vous passez sur le quai avec une valise qui paraît un peu longue, l'*impiegato* saisit ladite valise et son demi-mètre, compare l'une et l'autre. Si le bagage a 60 centimètres, *e vietato di sbar-*

care. Allez le faire enregistrer, mon brave homme.

— Mais, direz-vous ?...

Il n'y a pas de mais! D'abord, cet Italien ne vous comprend pas. Il ne veut pas vous comprendre.

Il faut y aller de votre petit supplément. On vous enlève votre valise et on vous la met au fourgon. Ci... deux lire. La misère des compagnies italiennes du sud est si grande qu'elles grapillent sur tout. C'est ainsi qu'elles ont trouvé ce moyen absolument vexatoire d'extorquer quelque argent au pauvre voyageur, qui donnerait trois lires pour garder sa valise, alors qu'on ne lui en prend que deux pour la lui enlever.

Partenza! Uomini! Donne, Capo di stazione! Merci celeri! Compartimento a tre letti! Signore sole! Ce n'est pas en Italie qu'il faut venir chercher le chemin de fer de l'avenir. Oh! mais non. Avec l'Espagne, l'Italie a les derniers chemins de fer de l'Europe, pour le matériel et le personnel.

Echelle descendante

D'ailleurs, c'est une remarque que vous pourrez faire comme moi. A mesure que vous descendez du Nord au Sud, l'employé de chemin de fer trahit par sa tenue le génie et le degré de civilisation du pays dont il est.

Le Russe est raide, sanglé, brutal.

L'Allemand est la correction même et la rudesse.

Le Hollandais a la tenue rigide, mais bon enfant.

L'Anglais est déjà moins rogue.

Le Français sert de transition entre la rigueur des pays froids et le débraillé des pays chauds.

Sur le Nord, il est placide ;

Sur l'Est, il est méthodique ;

Sur le P.-L.-M., il est fier ;

Sur l'Ouest, il est bon enfant ;

Sur l'Orléans, il est pimpant ;

Sur le Midi, il est couci-couci.

(On sent déjà le voisinage de l'Espagne).

L'Italien est sans tenue.

L'Espagnol est sans retenue.

Le Turc est sans souliers.

Et l'Arabe est en chemise.

Le train autrichien

Beaux wagons, avec du velours, des glaces, des cabinets, des serviettes. Beaucoup de jaune. Très forts sur le jaune, les Autrichiens. C'est du reste l'une des couleurs de l'empire, La Südbahn autrichienne, où ligne du sud, qui fut construite par un Français, le fameux M. Bontoux, est une ligne admirable. Difficultés vaincues à travers les gorges et les pics du Tyrol, matériel spécial, bien compris et particulièrement entretenu, tout s'y trouve réuni pour séduire le voyageur.

Le wagon panoramique de la Südbahn est une trouvaille. C'est une voiture qui s'attelle toujours en queue d'un train, au départ de Klagenfurth ou de Laybach pour Innsbrück, par le Brenner. Elle est disposée en forme de salon, avec fumoir, divan, pliants, etc. Elle n'a qu'une paroi opaque, celle qui s'attelle au train. Tout le reste de la voiture est en glaces, ce qui permet au voyageur de se laisser véhiculer lentement, le long des rampes interminables autant que pittoresques, tout en découvrant le paysage autour de lui, sans en perdre une parcelle, comme s'il était assis dans un observatoire roulant.

Le train russe.
Les trains danois, norwégiens, suédois.

Danois, norwégien, suédois, c'est toujours un petit train. Pas de vitesse, mais du confortable. Une légion d'employés bons enfants, à l'œil bleu, aux cheveux de filasse. Des gares en bois, qui ressemblent à des hangars. Mais c'est ce qui convient au pays.

Avec cela des pointes poussées dans le nord, en plein pays des neiges, jusqu'à Drontheim ! N'allez pas par là en hiver, ce serait une erreur grossière. Vous seriez bientôt obligé de jouer avec le conducteur de votre train et ses trois ou quatre passagers les *Enfants du capitaine Grant*.

Le train est sous la neige, la gare est sous la neige, tout est sous la neige. C'est un drôle de pays pendant cinq mois de l'année. Quand les voyageurs ne peuvent continuer leur route pour cause de neige excessive, ils allument du feu sur la glace et dansent une ronde pour se réchauffer, pendant que l'armée des déblayeurs travaille.

Le train africain.

Tout autre est le train d'Afrique, pays des coups de soleil. Prenez l'Égypte pour exemple, car l'Algérie est terre française et tout s'y passe comme sur le réseau P.-L.-M. à qui les chemins de fer algériens sont concédés en partie. Il n'y a que le colis humain qui change de physionomie.

Il est tout en burnous blanc, gris ou sale, c'est-à-dire jaunâtre.

Prenez l'Égypte et voyez avec quelle grâce le conducteur fellah vous reçoit sur le quai de la gare d'Alexandrie, son plumeau à la main. Pourquoi diable ce gaillard aux dents brillantes, aux pieds rugueux, aux jambes toujours à l'air, tient-il un plumeau sous son bras? C'est son sceptre, à lui. L'Allemand a la sacoche en cuir. Lui, il a le plumeau. Différence des milieux! Je suppose que c'est pour chasser les mouches. *Puer, abige muscas!*

N'est-ce point pour extraire la poussière des coussins où s'asseoit souvent l'auguste derrière d'un pacha? Bien possible.

En tous cas, très curieux le train africain, avec son stock de voitures closes comme des voitures cellulaires. Vous ne monterez pas dans un train sans qu'il ait, en tête ou en queue, deux ou trois voitures aux jalousies hermétiquement fermées. Vous pensez que c'est un pénitencier terrible que cette Afrique?... Erreur. Ce sont là les wagons destinés aux harems en voyage, les wagons pour odalisques seules!

Piquant contraste de la civilisation et d'une religion rétrograde! Les harems circulent en *chi-*

mindifi, mais ils circulent claustrés, et ce sont Messieurs les eunuques qui prennent place dans les guérites occupées d'ordinaire par les serre-freins. Bonnes binettes, ces messieurs ! Surtout quand les poulettes qui sont dans le wagon-harem risquent leurs beaux yeux peints derrière les jalousies, pour dévorer du regard les petits Français qui passent, le stick à la main, ou le bel Anglais du 1er de la garde, dont la jugulaire est subjugante !

Aujourd'hui l'Égypte est traversée de part en part par la voie ferrée. (Au sud jusqu'à Assouân.)

Sacrilège, disent les bonzes ! Pourquoi ? D'abord ne me parlez pas des gens qui regrettent les caravanes, les chameaux et les diligences. Ce sont des farceurs qui se gaussent de nous.

Vive le chemin de fer d'Alger au Cap, — celui qu'on ne fera que dans cent ans d'ici, mais qui sera furieusement drôle !

Le train chinois.

Longtemps on a cru qu'il ne circulerait jamais, le train chinois. Notre malheureuse équipée du Tonkin, qui a coûté tant d'hommes et tant d'argent à la France, a eu pour résultat de faire entrer plus vite qu'on ne croyait, et par des considérations bien inattendues, les idées modernes en Chine.

Les Célestes viennent d'inaugurer un premier chemin de fer, système Decauville, de Pékin à Tien-Tsin. On verra bientôt de grands wagons circuler entre la mer Jaune et le Palais d'Été. Il y a déjà des boys garde-barrières et des magots chefs de gare, les uns déguisés en hommes du peuple, les autres en hommes du monde.

Que de cadavres français sous le futur réseau chinois, qui viendra d'Essen (Prusse), n'en doutez pas, et qui sera construit par des ingénieurs allemands ou anglais, — soyez en sûr !

Le train lunaire.

Nous avons passé en revue la plupart des trains terrestres. Les énumérer tous serait fastidieux pour le lecteur. Il ne nous reste qu'à souhaiter à nos petits enfants de voir un jour le train lunaire. De Paris ou de Milan, en route pour la lune ! *Partenza per la Luna !* Voilà ce que nous ne verrons pas.

Et dans le satellite aux anfractuosités bizarres, aux êtres bicéphales peut-être, nos arrière-petits-fils circuleront sans doute en trains-éclairs, conduits par des mécaniciens difformes, traînés par des machines sidériformes aux contours fantastiques.

Chemins de fer de la Lune Centrale ! Quelle émission pour les agioteurs de notre planète ! Quel prospectus pour les Robert Macaire de l'an 3000 !

CHAPITRE IX

LES DOUCEURS DU WAGON-LIT

La vie en chemin de fer a ses raffinements, comme tous les genres de vie. Au paysan qui n'a pas encore pris le train mixte pour aller de son village à Paris, on peut, depuis quelques années déjà, opposer le monsieur qui va de Paris à Rome ou à Bucharest par le train de luxe, dormant à l'aise et dînant de même dans les sleepings cars, dinings cars, saloons cars et autres cars que la Compagnie internationale multiplie chaque jour sur tous les réseaux de l'Europe, effaçant ainsi les frontières par la suppression du transbordement.

Cette Compagnie a commencé par faire dormir commodément et en chambres closes les voyageurs de grande vitesse; puis elle les a fait manger en roulant, enfin elle leur a offert des salons de lecture, véritables séjours d'enchantement. Il lui restait à relier ces divers organes, et à constituer le train de luxe, qui de Paris s'élancerait chaque jour, ou chaque semaine, vers les capitales les plus éloignées de l'Europe; cette opération est faite maintenant, et avec un tel succès que la Compagnie internationale, qui s'appelait d'abord « des wagons-lits » a dû modifier son titre et s'appeler aussi « des grands express européens ». L'homme qui vit en chemin de fer peut seul apprécier à leur valeur les améliorations innombrables que cette Société utilitaire a méthodiquement apportées, depuis 1875, dans nos mœurs de voyageurs. Pour ma part je suis heureux de la saluer au passage, comme la mère nourrice du train de l'avenir, du train de demain, du train-hôtel, qui remplacera, aux premières années du vingtième siècle, le chapelet de prisons roulantes dans lesquelles nous passons des seize et vingt heures, accroupis, vautrés, courbaturés, sans profit pour nos affaires ou notre intelligence.

Vive le train-hôtel, avec tout ce qu'il faut pour y passer agréablement les journées et les nuits !

Le conducteur du wagon-lit.

Un homme en chocolat, habit chocolat, pantalon chocolat, casquette chocolat. Baragouine généralement toutes les langues de l'Europe. C'est lui qui devient votre valet de chambre dès que vous gravissez, moyennant finance, les marches de son wagon-lit. Il vous prend vos paquets, les installe sur les filets et vous demande à quelle heure vous désirez dormir, pour préparer votre lit au moment opportun.

Vous lui dites que le plus tôt sera le mieux, et alors le voilà qui s'en va au bout du couloir de cette maison roulante, qui revient avec des petits draps, les dépose sur l'un des lits de votre cabine, et se livre à une gymnastique formidable contre l'autre lit, si vous avez la chance de n'en avoir que deux et d'être seul pour habiter la cellule capitonnée.

Ah ! ce lit qu'il attaque de front ! Un poème ! Il est bientôt soulevé, arrimé solidement par deux courroies et suspendu au-dessus de votre tête pour la nuit tout entière, comme une perpétuelle menace. Mais les ressorts et les courroies sont solides; vous êtes rassuré au bout d'un instant et vous vous déshabillez comme chez vous, pour entrer dans le petit portefeuille.

Encore que les draps soient trop étroits et ne bordent pas assez le lit (c'est une critique que j'ai plus d'une fois entendue), on dort vraiment dans cette petite couchette beaucoup mieux que dans certains lits d'auberge. Au moins elle est propre, c'est déjà quelque chose. On pourrait se croire dans la cabine d'un paquebot, avec le roulis et le tangage en moins. Le ronron berceur de l'hélice y est remplacé, moins musicalement je le reconnais, par le tuf-tuf de la locomotive, le choc amorti des tampons, le grincement des essieux dans les courbes, les coups secs et les contre-chocs des embranchements ou le tintamarre des gares franchies à toute vitesse, dans un concert de sifflets et de jets de vapeur. Mais l'oreille se fait à tous ces bruits, et leur répétition même assoupit le dormeur du wagon-lit.

Le conducteur est là pour lui offrir un petit flacon de *brandy*, de *claret* ou de *sherry wine*. Les

L'escalade du quatrième (page 278).

Français n'usent guère de cette facilité bachique. Mais les Anglais, qui sont très amateurs de boissons, en font une consommation qui s'explique l'hiver par la rigueur du froid extérieur. L'été, ils demandent le *soda-water* et la bouteille *d'ale* que le conducteur abrite dans une petite cave située à l'extrémité de la voiture.

Quand on est quatre.

Quand on est seulement deux dans un wagon-lit, on est au comble de la félicité. On se couche côte à côte, l'un à droite, l'autre à gauche. Il n'y a pas de différence sensible entre cette installation et la chambre à deux lits des auberges provinciales.

Mais dès qu'on est obligé de vivre dans le wagon-lit à trois ou à quatre, brrrr!... ça devient délicat. Lorsque les quatre voyageurs se connaissent, c'est une partie de plaisir; mais lorsqu'ils ne se connaissent pas, il y a un contact un peu gênant pendant la première heure. Si propre qu'on soit, si sain qu'on soit, si homme de bonne éducation, en un mot, qu'on puisse être, on hésite toujours à ôter ses vêtements devant des compagnons de voyage, surtout quand on doit occuper la couchette supérieure et l'escalader, demi-nu, à la barbe d'un semblable.

Mais c'est un instant à passer. Une fois hissé là-haut, une fois glissé dans le blanc portefeuille, vous voilà heureux pour des douze et quinze heures !

Un conseil : quand vous vous trouvez dans un wagon-lit où vous êtes quatrième, prenez toujours vos arrangements avec vos compagnons de voyage pour vous déshabiller et vous coucher à tour de rôle. C'est le meilleur moyen de ne pas rougir devant vos semblables, si vous êtes sujet à la pudibonderie.

La mère et ses poussins.

Nous avons vu plus haut que les misses anglaises adoptaient pour le wagon-lit des costumes de dessous qui les faisaient ressembler à des odalisques, parce que se mettre en chemise dans le wagon-lit, c'était *schoking*.

Connaissez-vous un tableau plus joli que celui de la mère, noble lady, emmenant au Caire ou à Malte sa couvée de poussins, c'est-à-dire trois adorables misses : Ada, Bertha et Paula, qui, lestes comme des oiseaux, se nichent dans les couchettes du wagon-lit et font leur petit somme aussi tranquillement que si elles reposaient dans le cottage londonien?

La mère est en bas, l'aînée à côté d'elle, et les deux filles jumelles sont au-dessus.

Quel tableau, dites, pour le Diable boîteux qui soulèverait le couvercle de ce wagon-lit et qui l'éclairerait subitement d'un pinceau de lumière!

La toilette.

L'une des douceurs les plus ineffables du wagon-lit c'est bien celle-là! Faire sa toilette en route! Pouvoir exécuter toutes ses ablutions ordinaires, avec le savon, avec les brosses, avec les fioles qu'on emporte de chez soi. Voilà qui est vraiment un bienfait de la civilisation. Il y a bien une petite trépidation qui secoue un peu tout cet attirail hygiénique, mais qu'est-ce que cela?

Les gens qui se rasent eux-mêmes peuvent seuls s'en plaindre. Tous les actes de la toilette peuvent être accomplis dans le cabinet spécial du wagon-lit, — sauf la coupe de la barbe.

Le wagon-restaurant.

Avec ses tables joliment servies, son chef am-

La mère et ses poussins (page 279).

bulant, sa cuisine de campagne, et ma foi fort estimable, il est devenu bien vite aussi populaire que le wagon-lit. On le trouve partout maintenant en France, de Paris au Havre, de Paris à Trouville, de Paris à Luchon, de Paris à Marseille, de Paris à Bruxelles. Il manque absolument au rapide de Bordeaux, qui serait, avec un wagon-restaurant, le train idéal, pour la perfection du matériel, la vitesse et le confortable. Pourquoi cette lacune, messieurs de l'Orléans? Le public se le demande.

Le plaisir de dîner en roulant ou de rouler en dînant est évidemment très réel. On s'ennuie moins et on emploie son temps utilement. Pour les gens pressés, c'est une distraction utile. Pour les touristes, c'est un passe-temps agréable. Dans cinquante ans, il y aura un restaurant dans tous les trains, même omnibus : c'est indiqué par la logique des choses.

Mais sans aller si loin dans l'avenir, le wagon-restaurant rend dès aujourd'hui des services inouïs. Tenez, pour les noces ! Un jeune homme de la province prend femme à Paris ; il l'emmène à midi dans son département, suivie de toute l'assistance. La noce occupe le wagon-restaurant, y déjeune en batifolant, arrive à trois ou quatre heures dans la petite ville où réside le marié, sans s'être aperçue qu'elle roulait à toute vapeur. On descend, bien reposé, on se promène, et à 7 heures on assiste au grand dîner servi par l'hôtel des Trois-Empereurs. De cette façon on a satisfait les deux familles, en faisant la noce un peu partout.

Le salon de lecture.

Enfin le salon de lecture, énorme, à cinquante places, avec ses glaces magnifiques, ouvertes sur la campagne environnante, ses fauteuils de velours à pivot, qui permettent de tourner et de se retourner à volonté, constitue la douceur la plus raffinée que nous ait octroyée jusqu'ici la compagnie des wagons-lits. C'est le salon du Grand-Hôtel qui roule, emportant commodément des gens qui vont et viennent, changent de place, vont fumer dans un petit cabinet réservé, écrire dans un autre. Il n'y manque qu'un piano. Car enfin, pourquoi pas un piano? Il y en a bien dans les salons des paquebots!

Je demande un piano, pour pouvoir prendre, l'hiver, le train de 8 h. 55 à la gare de Lyon, par exemple, déjeuner dans le wagon-restaurant, fumer dans le fumoir, digérer tout l'après-midi dans le salon en écoutant de jeunes dames qui chatouillent l'ivoire, qui jettent aux stations dépassées à toute vitesse des lambeaux de Weber ou de Chopin, et arriver à Lyon comme si je sortais d'un concert!

Le train de luxe européen.

Ces trois organes, wagon-lit, wagon-restaurant et wagon-salon, que l'anglomanie nous fait appeler inutilement *sleeping-car*, *dining-car* et *saloon-car*, sont réunis à dates fixes par la compagnie des wagons-lits pour composer ces trains de luxe qui sillonnent la France et l'Europe en tous sens, et dont le succès est si prodigieux.

Quoi d'étonnant? Ils suppriment les frontières, ils suppriment les ennuis du plus long voyage.

On monte à Paris dans un wagon qu'on ne quittera qu'à Rome, ou à Bucharest, ou à Madrid! Avouez que l'étonnement des gens de 1837 nous fait sourire; notre étonnement devant ce progrès fou de la vie en chemin de fer est aussi complet que le leur put l'être à l'origine des railways.

L'orient-express, qui traverse la France, l'Alsace, le grand-duché de Bade, la Bavière, le

Une noce dans un wagon-restaurant (page 280).

Wurtemberg, l'Autriche, la Hongrie, la Roumanie, la Bulgarie, la Turquie, et qui aura demain son terminus à Constantinople, n'est-il pas une admirable chose ?

Demain nous aurons l'express de luxe entre Paris et Lisbonne, qui raccourcira de trois jours le voyage sur mer entre l'Europe et l'Amérique du Sud.

Demain encore, on nous donnera Paris-Pétersbourg express, par un tracé qui passera en dehors de l'Allemagne, ce qui sera pain bénit.

Les Allemands, avec leur manie chinoise de tout faire à l'allemande, ont expulsé peu à peu la compagnie des wagons-lits de leurs réseaux ferrés. Ils construisent maintenant le *schlafwagen* eux-mêmes et l'exploitent eux-mêmes, ce qui est tout dire, sur les lignes où les contrats de la compagnie internationale sont périmés. Des contrats subsistent encore çà et là pour huit ou dix années ; mais, à leur expiration, les Allemands se refuseront à les renouveler. C'est la muraille de la Chine, marotte de M. de Bismarck, qu'on est en train d'édifier là-bas. On sait où cela mène.

La compagnie internationale a trouvé un moyen fort simple de satisfaire son public, qui demande à grands cris le train de luxe sur Pé-

La dame qui joue du piano (page 284).

tersbourg, et cela en faisant la nique aux Allemands qui espéraient imposer au transit du train de luxe leurs voitures, c'est-à-dire un transbordement à Aix-la-Chapelle, — et leur personnel, c'est-à-dire des bouledogues enrégimentés.

Grâce à la percée récente de l'Arlberg, la compagnie des wagons-lits a établi son itinéraire sur Pétersbourg par la Suisse, le Tyrol, Vienne, Cracovie, Varsovie et Vilna. C'est à peine plus long, et on traverse dans un bon train, bien installé, des pays amis. Tous les Russes et tous les Français fortunés vont prendre cette voie-là. Ils feront bien, — d'autant que le voyage de Paris à Innsbrück et d'Innsbrück à Salzbourg, Vienne et la Pologne, est fort curieux, plus curieux que la traversée froide et lugubre de l'Allemagne du Nord.

Nous avons cité plus haut les noms des inventeurs qui ont créé les locomotives et le matériel primitif des chemins de fer. Citons à leur tour les noms de MM. Nagelmackers, directeur, Lechat et Camaüer, secrétaires de la compagnie internationale des wagons-lits, qui, par leur initiative originale, leur parisianisme obstiné, ont mis sur pied cette énorme machine des grands express européens, salut des voyageurs isolés et surtout des familles qui font de grands trajets, joie des excursions les plus lointaines!

Ceux-là ont des titres à la reconnaissance du public, qui lui ont rendu les voyages agréables et commodes, de fatigants et de monotones qu'ils étaient au début des chemins de fer.

CHAPITRE X

PETITS CONSEILS AUX VOYAGEURS

Telles sont nos mœurs en wagon à la fin de ce siècle.

Nous venons de voir défiler l'armée remuante des voyageurs. En décrire tous les types, en préciser toutes les bizarreries, en souligner toutes les singularités, ce serait entreprendre le dénombrement de toutes les cocasseries humaines. Nous nous en tiendrons là.

Mais ce livre, ambitieusement destiné à jeter quelques heures de distraction dans la vie en chemin de fer, ne serait pas complet si nous ne donnions, en manière de post scriptum, quelques bons conseils à nos lecteurs. Tout le monde ne sait pas voyager, malheureusement. Et pour ceux qui ne veulent prendre conseil de personne, il n'y a qu'une façon d'apprendre à vivre en chemin de fer : faire des écoles et subir tous les ennuis inhérents aux expériences *in anima vili*.

Puissent ces conseils, humoristiques dans la forme, mais très sérieux au fond, éviter aux voyageurs les écoles ennuyeuses, rappeler ce qu'ils doivent faire à ceux qui savent, et apprendre en quelques minutes à ceux qui ne savent pas.

Enlevez toujours les étiquettes !

Avant même de faire votre malle ou votre valise, ayez toujours soin de dire à Jean, votre valet de chambre, si c'est Jean qu'il s'appelle :

— Jean, ne manquez pas d'enlever avec une éponge imbibée d'eau chaude les étiquettes qui sont collées sur mes bagages.

Souvenirs touchants, mais inutiles, de précédentes pérégrinations.

Si vous n'avez pas de valet de chambre, faites cette recommandation à votre bonne, Victoire ou Léocadie.

Que si vous n'avez ni domestique mâle ni domestique femelle, — et même quand vous auriez les deux, — faites ça vous-même, c'est encore plus sûr.

Armez-vous de l'éponge mouillée ou d'un grattoir et faites disparaître les dangereuses étiquettes.

Elles pourraient occasionner à vos colis une erreur de destination, dont vous rendriez nécessairement quelque Compagnie responsable, en quoi vous auriez tort. Écrivez toujours votre nom ou vos initiales sur vos colis.

Demandez des renseignements !

Tous les renseignements dont vous aurez besoin pour le voyage que vous projetez, — voyage d'affaires, de vacances, seul ou en famille, — vous seront fournis verbalement par le bureau spécial des renseignements établi dans toutes les grandes gares de Paris et des départements.

Si vous ne pouvez vous rendre à ce bureau, écrivez aux chefs de gare pour leur demander les renseignements qui vous sont nécessaires, ils vous les fourniront dans un très court délai. Vous êtes une marchandise, un fret, et les représentants des Compagnies doivent chercher à faire une recette en vous facilitant les moyens de venir aux guichets apporter votre argent.

Pas de liquides dans les malles!

Si vous avez des objets fragiles à faire transporter, emballez-les le plus soigneusement possible. Il faut qu'ils puissent résister à certains chocs inévitables, surtout quand les colis sont lourds et quand il y a plusieurs manutentions dans le parcours que vous effectuez.

Mais, par Bacchus, jamais de liquides dans vos malles! Si vous désirez boire une petite goutte de votre bon cognac en cours de route, emportez-en une demi-bouteille dans votre sac de voyage.

Quant aux malles, résistez toujours à vos femmes, épouses, mères, sœurs, tantes, qui vous inviteront à glisser dedans quelques flacons à destination de l'ami ou des parents que vous allez visiter!

Les bouteilles se casseront infailliblement en route. Votre linge sera inondé, perdu, et les Compagnies peuvent vous demander compte des dommages que vous aurez occasionnés aux bagages d'autrui, par le fait de cet accident grotesque.

Pensez au petit carton !

S'il y a dans les bagages que vous emportez quelque objet dont l'enveloppe ou le corps soit incapable de recevoir proprement une étiquette, pensez à vous munir d'un petit carton, que vous attachez au colis avec un bout de ficelle. Sur ce carton, le facteur-enregistrant collera l'étiquette nécessaire, sans qu'il y ait à craindre de la perdre en route. Inscrivez votre nom et votre destination sur la paroi opposée du carton. La compagnie P.-L.-M. a maintenant des porte-fiches qui sont très-commodes.

Pas de bijoux aux bagages !

Ne mettez dans vos malles ni bijoux ni valeurs quelconques. Les Compagnies déclarent dans leurs ineffables grimoires, affichés sur les murs en lettres microscopiques, qu'elles n'en seraient pas responsables. Et elles ont bien raison. On garde son argent, ses valeurs, ses bijoux avec soi, dans un sac hermétiquement fermé à clef et qu'on emporte partout, au buffet, aux *W.-C...* (oui, même là), si l'on est seul et que le sac soit facile à dérober.

Arrivez de bonne heure !

Arrivez toujours à la gare une demi-heure au moins avant le départ du train. si vous avez des bagages à faire enregistrer. Il peut se produire des incidents, par suite de causes imprévues, et il est bon que vous ayez toujours le temps de *vous retourner*.

Avisez aussitôt un sous-facteur et confiez-lui vos bagages en lui indiquant le train par lequel vous devez partir, et la gare où vous descendez. On croit parfois aider le sous-facteur en lui indiquant le nom d'une gare importante située à proximité de la petite station où l'on se rend. C'est une erreur qu'il ne faut pas commettre. Il faut toujours désigner la gare de destination, si inconnue qu'on la suppose d'ailleurs.

Beware of pickpockets. — Prenez garde aux voleurs. — Diffidatevi dei ladri.

Inspirez-vous de cette recommandation trilingue peinte sur tous les murs du P.-L.-M., section de la Bourgogne et du Dauphiné. Ouvrez l'œil autour de vous. Ne perdez pas de vue les bagages que vous devez conserver dans le wagon

Mettez-y quelqu'un en faction. Si votre belle-mère vous accompagne, chargez-la de cette garde à monter pendant que vous irez prendre les billets au guichet et faire enregistrer ensuite le gros de votre bagage.

Les voleurs pullulent dans les gares. Ils exercent un espionnage de tous les instants sur les voyageurs qui arrivent. Ils les jaugent à leur tête. N'ayez donc pas l'air ahuri; ils verront ainsi que vous n'êtes pas leur homme. Pensez toujours à bien remettre votre portefeuille dans une poche intérieure de votre jaquette. Ne le glissez jamais dans une poche de pardessus.

Soyez précis et ferme au guichet.

Très importante, cette recommandation.

Quand vous êtes parvenu au guichet de distribution des billets, indiquez simplement au receveur le lieu de votre destination, la classe que vous prenez et le nombre des billets dont vous avez besoin. Si vous avez un enfant avec vous, indiquez son âge. Vos demandes doivent se borner là. N'embrouillez pas le receveur dans des questions diverses, auxquelles il est du reste incapable de répondre. Vous rappelleriez le *mon-*

sieur qui cause au guichet de notre chapitre premier.

Les billets perforés par la petite mécanique : toc, toc, toc, vous sont jetés élégamment par le receveur, autant que vous déposez la forte somme sur son assiette de cuivre cannelé. Tâchez d'avoir toujours la somme juste dans la main : vous gagnerez du temps. Il vous est facile de faire le compte de votre dépense avant d'arriver, puisque votre premier sentiment, avant de décider votre voyage, s'est trahi dans cette exclamation :

— Voyons donc sur l'*Indicateur* combien cela coûte !

Si vous n'avez pas la somme exacte, faites attention à la monnaie que vous rend le buraliste. Ne perdez pas la tête. Retirez-vous, mais ne vous sauvez pas pour faire place au monsieur qui s'impatiente derrière vous. Ramassez prestement vos billets, et poussez votre monnaie sur la planche, un peu plus loin, devant l'agent de service. Là, vous pouvez sans gêner personne voir si votre compte est exact, et si le receveur ne s'est pas trompé à votre préjudice, ou au sien.

Je dois dire que plus d'une fois j'ai été pris pour deux francs, pour trois francs, pour cinq francs, qu'un receveur m'avait démandés en trop.

Je suis venu réclamer le lendemain. Mystère étrange ! le receveur n'avait pas d'excédent anormal dans sa caisse.

Les receveurs sont évidemment d'honnêtes gens, mais quand ils se trompent, il faut le leur faire remarquer sur-le-champ.

Il en est ainsi, du reste, dans tous les actes de la vie en chemin de fer. Constatation immédiate par un employé, telle est la formule principale, base de toute revendication éventuelle.

L'enregistrement.

Déposez vos billets au guichet de l'enregistrement, puis ne les perdez pas de vue jusqu'à ce qu'ils vous soient rendus, et veillez toujours à ce qu'on ne vous restitue pas, au lieu de votre première pour Bordeaux, la troisième d'un marchand de bœufs qui ne va qu'à Romorantin. Cela s'est vu, car il y a des employés débordés, et des voyageurs distraits ! — ceux-ci en bien plus grande quantité que ceux-là.

Assurez-vous que le bulletin de bagages qui vous est délivré est bien établi pour votre destination et que la somme par vous payée y est exactement inscrite.

L'œil ouvert, sur le quai.

Dès que vous arrivez sur le quai du départ, conservez encore votre sang-froid... surtout s'il y a une grande affluence. Tant plus il y a de monde, tant plus il faut que vous soyez grave et méthodique dans vos mouvements; avec de la méthode et du sang-froid vous vous dirigerez plus sûrement et vous ne perdrez pas de temps.

Ouvrez toujours l'œil et regardez les tableaux accrochés aux voitures. Si ces tableaux ou placards ne vous éclairent pas suffisamment, demandez à un agent qui passe des éclaircissements. Ne craignez jamais d'en demander trop, mais sachez à qui vous adresser. D'abord, au bureau de renseignements : s'il n'y en a pas, au chef de service ou à un employé qui par sa tenue vous paraît occuper un grade raisonnable dans la hiérarchie administative. Il ne faut jamais demander un renseignement aux hommes d'équipe, aux employés en blouse. Ils ne savent rien, et par une tendance qui est commune à l'espèce humaine, ils veulent avoir l'air de savoir, ce qui vous embrouille infailliblement.

Si vous avez une contestation à trancher,

adressez-vous au chef de service. Sa casquette, blanche en France, rouge en Allemagne, rose en Belgique le désigne à tous les yeux.

Difficultés, oublis, omissions, changements.

Vous pouvez oublier votre carte d'abonnement, un titre portant réduction de prix, égarer un coupon de retour, perdre le billet que vous avez pris. Dans ces différents cas, vous êtes obligé de prendre un autre billet et de payer votre place entière. Passez d'abord au guichet. Ensuite, faites connaître votre situation au receveur et priez-le de prendre note de votre déclaration.

Si, par suite d'une erreur quelconque, vous avez plus de billets qu'il ne vous en faut et que vous ne puissiez obtenir immédiatement le remboursement de ceux pris en trop, faites-le constater sinon avant le départ par le chef de service, du moins en cours de route par le conducteur du train. Faites-le également constater à l'arrivée, en remettant vos billets. Vous adressez alors une réclamation au chef de gare en lui expliquant ce qui s'est passé et ce que vous avez fait. C'est long, oui, mais par ce moyen on arrive à quelque chose, tandis qu'en criant, en gesticulant et en ameutant le peuple pour une difficulté qu'on a souvent provoquée par sa propre légèreté, on n'arrive jamais à rien.

Si vous désirez, en cours de route, prendre place dans une classe supérieure à celle indiquée par votre billet, déclarez-le à un agent de la gare où vous changez de classe, ou au conducteur du train et demandez à payer immédiatement le supplément dû, si cela est possible.

Si au contraire vous vous trouviez obligé, par suite d'une circonstance imprévue, de prendre place dans une classe inférieure à celle à laquelle vous avez droit, faites-le constater par un agent de la gare où s'effectue le changement ou par le conducteur du train. Par suite d'une erreur assez répandue, le public croit que les Compagnies admettent le changement de classe en montant, de la troisième à la seconde, de la seconde à la première, et qu'elles refusent d'admettre le déclassement, en sens inverse. Ce serait abusif, illogique, et il n'y a là qu'un préjugé des voyageurs.

Règle générale : lorsque vous avez une réclamation à formuler, faites constater le fait qui doit la motiver, soit par un agent d'une gare, soit par le conducteur du train.

Faites constater, toujours et pour tout; vous réclamerez après. C'est une règle de conduite qu'il faut observer rigoureusement quand on voyage en chemin de fer.

Si vous désirez passer une demi-heure aux W.-C. qui sont installés le plus souvent en tête du train, dans un fourgon, demandez au conducteur de vous en ouvrir la porte. Entre deux stations, vous ferez là un séjour plus ou moins enchanteur, mais très appréciable au point de vue du soulagement qu'il vous apporte.

A l'arrivée.

Lorsque vous venez à Paris et que vous désirez trouver à votre disposition un fiacre ou un omnibus de la Compagnie, faites-en la demande par lettre ou par télégramme au chef de votre gare d'arrivée, en lui faisant connaître la date et l'heure du train. Il ne refusera jamais de vous rendre ce service. En descendant du train, adressez-vous au sous-chef de gare présent sur le quai. Il vous fera remettre le bulletin de votre voiture.

Dans le cas où vous auriez été obligé de payer une seconde fois le prix de votre place pour un motif quelconque, ou de payer une somme supérieure à celle que vous deviez, faites-le connaitre à l'agent auquel vous remettez votre billet et demandez-lui une attestation. Vous écrivez ensuite au chef de gare, en lui fournissant des explications détaillées sur ce qui s'est passé, et vous joindrez à l'appui l'attestation qui vous aura été délivrée. Si vous n'avez pas obtenu cette pièce, vous en ferez mention.

Dans le cas où vos bagages seraient avariés, faites constater leur état par le chef de service. Transigez immédiatement, c'est le plus sûr. Si vous ne pouvez pas transiger, prenez livraison en inscrivant une mention de réserve sur le bulletin des bagages. Vous écrirez ensuite au chef de gare pour lui décrire les avaries et lui fixer le chiffre de l'indemnité à laquelle vous croyez avoir droit.

S'il vous manque un ou plusieurs colis, désignez-en la nature, la forme, le contenu, les signes particuliers, afin de faciliter les recherches.

Si vous avez oublié quelque objet, soit au départ, soit dans une gare du parcours, écrivez au chef de gare, en lui fournissant les mêmes renseignements et en lui désignant autant que possible l'endroit où vous présumez avoir laissé cet objet.

Enfin, de quelque nature que soit votre réclamation, si vous en avez une à faire, adressez-vous au chef de service qui vous indiquera la marche à suivre. Il est évident que les Compagnies sont de bonne foi et animées par le désir de donner satisfaction à leur clientèle dans toute la mesure du possible. Mais il faut se dire aussi que nombre de voyageurs peu scrupuleux essaient de les flouer, et qu'elles ont fort à faire pour résister aux réclamations exagérées ou mensongères dont on les accable tous les jours.

Sécurité, indemnité.

Cependant, si vous êtes attaqué dans un train de chemin de fer, en France, attaquez à votre tour la compagnie. Vous avez des chances pour obtenir une indemnité. Après avoir reçu quelques coups de revolver, il ne vous déplaira peut-être pas de toucher une petite somme. Si vous êtes mort sur le coup, vos héritiers prendront votre lieu et place; leurs instance, à vrai dire, ne vous rappellera pas à la vie.

Devant le tribunal civil de Marseille s'est présenté en 1887, un jeune peintre, M. Briard, qu'on avait attaqué, entre Marseille et Nice, et grièvement blessé.

L'assassin n'avait pas été retrouvé. En attendant, M. Briard avait assigné la compagnie P.-L.-M. en dommages-intérêts, et voici le jugement fort grave que le tribunal civil de Marseille rendit à cette occasion :

La compagnie a été condamnée à payer une indemnité à la victime :

« Attendu, dit le jugement, qu'entre le voyageur qui prend un billet de parcours et la compagnie qui le lui délivre il s'établit un véritable contrat, la compagnie s'oblige non seulement à transporter naturellement le voyageur à l'endroit mentionné sur son billet, *mais encore à lui garantir toute sécurité pendant son parcours.* »

Le tribunal de Marseille déclara que les wagons français renferment un vice de construction. Les compartiments ne communiquant pas, le voyageur attaqué pendant le trajet ne peut appeler à l'aide.

Vainement, la compagnie P.-L.-M. a-t-elle objecté qu'elle était obligée de sa soumettre aux règlements administratifs qui lui ont imposé ce modèle de voitures, le tribunal n'a rien voulu entendre.

Il est inutile de faire ressortir l'extrême importance de ce jugement, intéressant au plus haut point pour les voyageurs, mais qui obligerait les compagnies de chemins de fer à une réfection complète de leur matériel, s'il devait acquérir force de loi. Nous avons dit ailleurs que ce serait une affaire de quelques milliards. Il y a là un cercle vicieux.

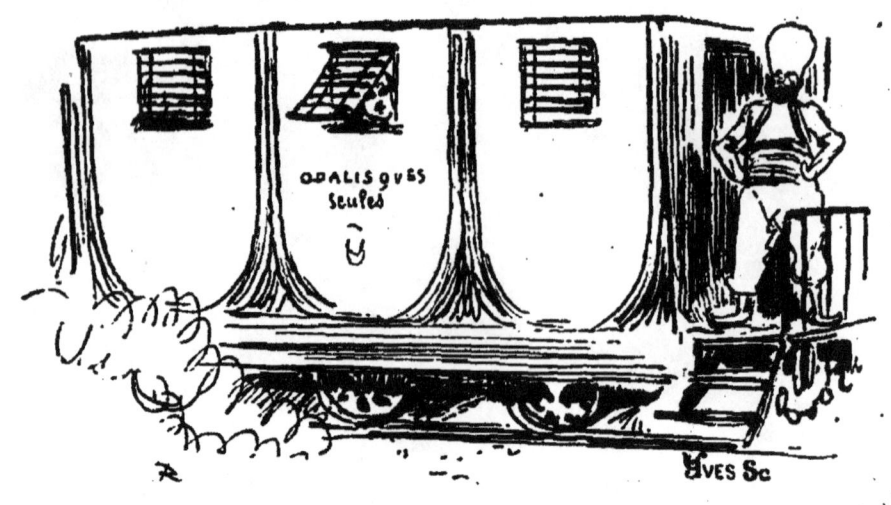

CONCLUSION

Quelques mots d'histoire amusante.

Oui, la vie en chemin de fer est partout aujourd'hui. Elle surpasse en activité les autres manières d'exister qui soient connues sur notre planète : la vie sur l'eau, la vie au club, la vie au café, la vie en plein air, la vie dans les bals. Quelle ampleur! Quel prodigieux succès! Quelle marche effrayante exécutée par l'industrie du fer et par nos mœurs depuis la création de la petite ligne de Paris à Saint-Germain!

Ce fut un maigre début que celui de 1837, et on ne saurait trop rappeler, pour marquer la bêtise profonde et la routine des hommes de tous les temps, quelles résistances et quelles hostilités rencontra en France le premier chemin de fer! Personne n'y crut, d'abord. Les Anglais l'avaient inauguré en 1826, entre Darlington et Tockton, mais cela ne prouvait rien aux bourgeois de Paris. Ils refusaient de prendre au sérieux les hommes persévérants qui s'était juré de suivre les traces de Stephenson. Ces hommes s'appelaient Perdonnet, Talabot, Émile Pereire, Michel Chevalier.

Le plus fougueux adversaire des chemins de fer ne tarissait pas en gouailleries sur une invention dénuée selon lui de tout avenir; parce que la confiance serait toujours, il l'affirmait, refusée à cette invention. Lorsque M. Perdonnet vint solliciter du gouvernement la concession du chemin de fer de Paris à Rouen, M. Thiers s'écria, en hérissant son toupet pointu, et de sa petite voix de crécelle irritée :

— Moi! moi! Que je demande à la Chambre de vous concéder le chemin de Rouen? Je m'en garderais bien : on me jetterait en bas de la tribune.

Il disait encore ce mot que les contemporains nous ont transmis :

— Votre chemin de fer? Si jamais vous le faites

ce ne sera qu'un joujou pour les Parisiens !

Les raisons les plus extravagantes étaient données sans rire contre le projet. Le ministre des finances disait avec solennité : « Des chemins de fer ! Mais vous ne savez donc pas ce que coûte le fer en France ? Ce serait la ruine. »

Et un député déclarait que la France était un pays trop accidenté pour que l'établissement de rails fut possible. Cela se disait, cela se passait, qu'on ne l'oublie pas, il y a seulement cinquante ans. On croirait à un dialogue de féerie bouffe.

Mais il y avait une objection plus sérieuse que toutes ces fins de non-recevoir fondées sur la lésinerie et sur la peur : c'était l'objection de la science. On se tromperait étrangement si on croyait que les savants soutenaient les ingénieurs et les grands promoteurs financiers. Les plus étonnantes affirmations furent lancées et développées afin de démontrer que les chemins de fer seraient la fin du monde.

On jurait, d'après des calculs algébriques indiscutables, que, lorsque deux trains se rencontreraient, la pression de l'air serait telle, entre les wagons allant et les wagons venant, que tous les voyageurs seraient incontinent frappés d'asphyxie. Il n'y eut pas jusqu'à l'illustre Arago qui ne mît son veto en déclarant les souterrains « nuisibles à la sûreté des voyageurs. »

Trois ans plus tard, les chemins de fer commençaient quand même à s'établir, mais il y eut encore bien des résistances et bien des terreurs.

Ce ne fut qu'en 1842 que le vieux duc de Wellington consentit, pour la première fois de sa vie, à confier sa personne aux parois d'un wagon. Il s'y était refusé pendant quinze ans. Il n'était pas le seul : sa souveraine, S. M. Victoria, professa longtemps la même horreur pour cette invention que ses sujets avaient cependant poussée de bonne heure jusqu'à la perfection; la Reine d'Angleterre monta pour la première fois en chemin de fer en 1843.

Mais un dernier exemple est encore plus étonnant : jusqu'en 1858, Cavour, l'illustre ministre italien, ne voyagea qu'en voiture. Il venait en poste à Paris. Aucun raisonnement n'avait le pouvoir de rassurer ce grand esprit sur ses inquiétudes.

A mesure que les grandes lignes ferrées se succédaient en France, l'engouement fut d'autant plus vif que la résistance avait d'abord été plus obstinée. Il s'est débité, à propos des chemins de fer, autant de billevesées et d'utopies qu'il s'en est répandu au sujet de l'abolition de la guerre et de la fin des révolutions. Qui n'a lu cent fois le développement de ce thème cher à M. Prudhomme : « Avec les chemins de fer qui rapprochent les distances, les peuples apprendront à se connaître, à s'aimer ; l'estime réciproque fera disparaître entre eux toute haine ancienne, en un mot tout malentendu, et désormais les sujets de guerre devenant impossibles, la paix universelle unira tous les peuples dans un fraternel embrassement. » Doux philosophes ! La vérité, c'est que les chemins de fer ont donné aux guerres du siècle un caractère plus terrible que jamais. Pour se rendre compte de celui qu'ils joueront encore, il suffit de traverser, en simple touriste, nos vieilles provinces françaises, aujourd'hui germanisées.

Aux yeux de l'Allemagne, les chemins de fer sont un des premiers éléments, le premier élément peut-être, de la stratégie, de la guerre. Le tracé des lignes, le choix de l'emplacement des gares, l'importance de ces gares ne sont jamais arrêtés en vue de la commodité du public, de la facilité des transports particuliers, hommes ou colis. Ils le sont exclusivement en vue du service stratégique. On peut voir, dans tout le rayon de la contrée qui entoure Metz, des lignes qui prennent le plus long, pour ces raisons militaires. A tel endroit le train s'arrête: c'est une station. Vous regardez, vous voyez une gare précédée d'un quai de débarquement immense, de quoi aligner un régiment : c'est sans doute la gare d'une ville voisine ? Nullement, elle porte le nom d'un village inconnu, d'un bourg de huit cents âmes ; ce village est une position stratégique, et c'est l'unique intérêt stratégique qui en a guidé le choix.

Une dernière conséquence, peut-être la plus grave, de la naissance et de l'extension croissante des chemins de fer, c'est la profonde modification que ce genre de transports a produite sur nos mœurs. Du jour où tout le monde a pu, moyennant une dépense raisonnable, quitter sa petite ville, son village ou son bourg pour venir tâter aux délices de Paris, les conditions de la morale, de l'éducation, de la famille même ont été complètement bouleversées. Autrefois, un voyage était tout une affaire : de Lyon à Paris, c'était un événement. On en parlait longtemps ; après, on disait : « C'était l'année où je me rendis à Paris. » Aujourd'hui, on voyage à peu près constamment, et on peut dire que la France, dans un rayon de cinquante lieues au minimum, n'est plus, grâce aux chemins de fer, qu'une banlieue de Paris.

Il est curieux de lire dans les gazettes du temps les réflexions que faisait naître l'exécution du chemin de fer de Paris à Saint-Germain. On croirait qu'il y a trois cents ans de cela !... Beaucoup de bons bourgeois, qui ont pensé ou écrit de la sorte vivent encore, et peuvent mesurer le chemin parcouru.

« Un voyage n'est aujourd'hui qu'une corvée, lit-on dans le *Magasin pittoresque* de janvier 1836. Demain ce sera un plaisir.

« Aussi quelle affluence il y aura de tous les points du globe sur notre capitale, car Paris est le centre des arts et des sciences, la capitale de l'univers. Les Parisiens ne trouvent plus de place à l'Opéra parce qu'il est encombré d'Anglais, de Hollandais, d'Italiens, venus pour se distraire un instant. Orléans et Rouen deviendront les faubourgs de Paris. On s'invitera au bal de Paris à Bruxelles, comme aujourd'hui de Paris à Saint-Denis.

« Et quel temps ce sera pour la bonne chère ! Un amateur pourra commander une truite saumonnée à Genève, un roastbeef à Londres, une tranche de veau glacé à Arkangel, un macaroni à Naples, des fruits sucrés en Andalousie, et tout cela lui arrivera, à point nommé et à bon marché, ce qui vaut mieux encore.

« L'Angleterre a maintenant cent lieues de chemins de fer terminés et cent soixante en construction ; l'Amérique en a trois ou quatre fois autant. Nous sommes en arrière de nos rivaux, car nous en comptons cinquante lieues à peine (il s'agit ici de chemins de fer industriels concédés dans la Loire et dans le Gard, aux frères Séguin et Talabot) mais on espère que lorsque les capitalistes parisiens auront vu le succès du chemin de fer de Paris à Saint-Germain, qui s'exécute aujourd'hui avec activité, ils se disputeront les entreprises des chemins de fer qui doivent sillonner le sol de la France. »

La Compagnie Pereire, qui avait la concession de la ligne, voulait terminer le chemin de fer à la place de l'Europe. On objecta que c'était trop loin et on décida de l'amener jusqu'à la Madeleine, au coin de la rue Tronchet. Le *Magasin pittoresque* donne même la façade de la gare projetée sur la place de la Madeleine.

« Si le chemin de fer ne devait pas aboutir au boulevard, ajoutait le chroniqueur, mieux vaudrait ne pas l'entreprendre et continuer à se faire secouer pendant plus de deux heures dans les voitures de Paris à Saint-Germain.

« La machine à vapeur, particulièrement sous la forme *locomotive*, doit changer la face du monde. Pour que la locomotive soit appelée à métamorphoser le continent, il faut qu'elle ait obtenu droit de cité à Paris. Où peut-elle être plus dignement intronisée que sur la portion la plus magnifique du boulevard ? »

L'idée était excellente. Comme on l'apprécierait aujourd'hui, si les gens de 1836 l'avaient réalisée ! Malheureusement des influences fâcheuses vinrent se jeter à la traverse. On eut à lutter contre des chantages variés, organisés par les propriétaires menacés d'expropriation. La cause d'utilité publique faisait doute, alors ; on n'insista pas. Le chemin de fer eut son *terminus* à la gare Saint-Lazare, où il est demeuré depuis lors, avec des modifications et des embellissements qui ont pris dans ces dernières années les proportions d'un bouleversement général. Et cela, à la grande satisfaction des foules innombrables qui chaque année défilent dans cette gare Saint-Lazare, unique au monde, par la diversité de ses trafics.

Le trajet de Paris à Saint-Germain devait s'effectuer à raison de 40 kilomètres à l'heure. Les travaux, qui comprenaient plusieurs souterrains et des ponts sur la Seine furent exécutés entre 1835 et 1837. L'inauguration de la ligne eut lieu le 24 août 1837. C'est une date dans l'histoire de France.

Une partie seulement de la ligne de Paris à Saint-Germain put être exploitée par des locomotives ; ce fut, comme bien on pense, celle comprise entre Paris et le Pecq. A partir du Pecq, la rampe établie pour monter à Saint-Germain était trop forte pour que les machines de ce temps-là pussent la gravir utilement. On eut recours bientôt au système atmosphérique, qui resta longtemps en exploitation sur ce tronçon suburbain. Aujourd'hui, et déjà depuis une vingtaine d'années, les machines perfectionnées de la Compagnie de l'Ouest remontent très aisément la rampe de Saint-Germain, avec un train de dix wagons en remorque.

La Compagnie P.-L.-M. possède des locomotives dites « du type 4,000 », qui sont admirables à voir quand elles escaladent les versants abrupts des Cévennes ou qu'elles les redescendent.

Le chroniqueur du *Magasin pittoresque* raconte ainsi son premier voyage en chemin de fer, de

Paris au pavillon Henri IV. Quelle première sensationnelle ce serait aujourd'hui! Des wagons assez semblables à ceux d'aujourd'hui pour les premières, et semblables aux tramways découverts d'aujourd'hui, pour les secondes classes avec des petites portières et des filets en guise de glaces. De l'air, on n'en manquait pas puisque tout le monde était assis face à face, dos à dos, dans un véhicule où il n'y avait pas une vitre.

« Chacun des voyageurs du wagon où nous étions assis exprimait à sa manière ses impressions. Celui-ci s'étonnait que malgré tant de rapidité il lui fût aussi aisé de respirer que s'il eût marché sur la terre à pas lents; celui-là s'extasiait à la pensée qu'il ne sentait aucun mouvement; il lui semblait être assis dans sa chambre; un autre faisait remarquer qu'il était impossible d'avoir le temps de distinguer, à trois pas sur le sable, un insecte de la grosseur d'une abeille, ou de reconnaître les traits d'un ami; un autre se réjouissait de l'attitude étonnée des habitants de la campagne au passage de cette colonne de fumée et de cette longue traînée de voitures sans chevaux, glissant avec un léger bourdonnement et disparaissant presque aussitôt dans le lointain.

« De plus graves déclaraient incalculables les

bienfaits de cette invention. Pendant ce temps-là machine rasait le sol. On arrive : on en descend. Un jeune garçon montrant du doigt la machine, demande à son père :

« — Comment se fait-il que cela, qui ne vit pas, puisse avancer tout seul ainsi qu'un cheval, et entraîner si vite tant de voitures ?

« Le père avoue son ignorance et propose la question à ses voisins aussi embarrassés que lui d'y répondre... »

Quel contraste, entre ce récit naïf et celui que pourrait faire aujourd'hui le premier voyageur venu, un homme qui n'aurait fait que trois ou quatre cent mille kilomètres, entre Lisbonne et Pétersbourg, Londres et Calcutta, New-York et San Francisco ?

Quels résultats acquis, depuis le jour où les Parisiens se risquaient timidement dans le premier chemin de fer de Saint-Germain et l'époque actuelle, où la vie en chemin de fer est devenue la vie normale, où ceux qui ne voyagent pas sont considérés comme des faibles d'esprit, où le monde est suspendu aux chasse-pierres de cent mille locomotives !

La France avait 50 kilomètres de chemins de fer en 1837.

En 1887, elle en accuse 32,000 kilomètres.

En 1900, elle en aura 50,000.

Et la Fance n'est pas la terre entière.

Les chemins de fer français représentent, cinquante ans après leur première expérience, une valeur de douze milliards. Leurs recettes brute

atteignent un milliard et demi par an. Ils transportent près de deux cents millions de voyageurs chaque année et cent millions de tonnes de marchandises. Ils donnent à l'État près de cent millions d'impôts et constituent le grand facteur de la mobilisation en cas de guerre ; ils transportent les postes pour rien aux quatre points cardinaux, ce qui est assez pingre pour un gouvernement qui a de l'argent dans ses caisses. Enfin ils occupent un personnel qui forme une véritable armée de 225,000 hommes.

Et maintenant, cher lecteur, en voiture ! Fermez le livre ; accoudez-vous dans un bon coin, en ruminant sur la bêtise humaine ; ne faites pas de mauvais rêves et philosophez, si ce n'est pas trop vous demander, sur nos mœurs à la fin de ce siècle, et en particulier sur les dix chapitres de *la Vie en chemin de fer !*

FIN

TABLE DES MATIÈRES

Préface.. v
Chap. I. — A Paris. Avant le départ...... 1
    II. — Sur le quai du départ............ 17
    III. — En wagon.............................. 85
    IV. — Les voisins et les voisines que je vous
            souhaite............................ 152
    V. — Ceux et celles que je ne vous souhaite pas. 169
    VI. — L'amour en wagon 209
    VII. — Les agressions........................ 227
    VIII. — A l'étranger........................ 247
    IX. — Les douceurs du wagon-lit............... 273
    X. — Petits conseils aux voyageurs........... 291
Conclusion.. 309

EMILE COLIN. — IMPRIMERIE DE LAGNY

www.ingramcontent.com/pod-product-compliance
Lightning Source LLC
Chambersburg PA
CBHW060629170426
43199CB00012B/1491